W0189479

insel taschenbuch 4863
Lektüre zwischen den Jahren

Bücher begleiten uns durchs Leben. Als Kinder sind wir fasziniert von den fremden Welten und fernen Ländern, in die Bücher uns entführen, und von den ungeahnten Abenteuern, die sie für uns bereithalten. Eine Faszination, die ein Leben lang hält. Was gibt es Schöneres und Entspannenderes, als sich mit einem Lieblingsbuch zurückzuziehen, wenn es draußen stürmt, schneit oder regnet? Den Alltag einmal hinter sich zu lassen und neue Lebenswelten kennenzulernen – und ganz nebenbei auch sich selbst: denn »vielleicht gehört es überhaupt zum Genuss des Lesens, dass man den Reichtum seiner eigenen Gedanken entdeckt« (Max Frisch).

Vom Glück wunderbarer Lesestunden und von Büchern, die ein Leben verändern können, erzählen die hier versammelten Autorinnen und Autoren: Marcel Proust, Hanns-Josef Ortheil, Cornelia Funke, Thomas Bernhard, Ildikó von Kürthy, Erika Pluhar, Elke Heidenreich, Ulrike Draesner, Petra Hartlieb, Marie Luise Kaschnitz u. v. a.

Lektüre zwischen den Jahren 2021

TAGE DES LESENS

Ausgewählt von Gesine Dammel

Insel Verlag

Erste Auflage 2021
insel taschenbuch 4863
Originalausgabe
© Insel Verlag Berlin 2021
Quellennachweise am Schluss des Bandes
Vertrieb durch den Suhrkamp Taschenbuch Verlag
Umschlagabbildung: Micklyn Le Feuvre, Somerset West
Satz: Satz-Offizin Hümmer GmbH, Waldbüttelbrunn
Druck: CPI books GmbH, Leck
Printed in Germany
ISBN 978-3-458-68163-2

INHALT

MARCEL PROUST
Tage des Lesens[1]

Es gibt vielleicht keine Tage unserer Kindheit, die wir so voll erlebt haben wie jene, die wir glaubten verstreichen zu lassen, ohne sie zu erleben, jene nämlich, die wir mit einem Lieblingsbuch verbracht haben. Alles, was sie, wie es schien, für die andern erfüllte und was wir wie eine vulgäre Unterbrechung eines göttlichen Vergnügens beiseite schoben: das Spiel, zu dem uns ein Freund bei der interessantesten Stelle abholen wollte; die störende Biene oder der lästige Sonnenstrahl, die uns zwangen, den Blick von der Seite zu heben oder den Platz zu wechseln; die für die Nachmittagsmahlzeit mitgegebenen Vorräte, die wir unberührt neben uns auf der

---

1 Der Leser findet hier den größten Teil der Seiten, die für eine Übersetzung von *Sesam und Lilien* geschrieben wurden und die dank der großzügigen Erlaubnis von Monsieur Alfred Vallette hier neu gedruckt werden. Sie waren der Prinzessin Alexandre de Caraman-Chimay als Zeugnis einer bewundernden Zuneigung gewidmet, die in zwanzig Jahren nicht schwächer geworden ist.

Bank liegen ließen, während über unserm Haupt die Sonne am blauen Himmel unaufhaltsam schwächer wurde; das Abendessen, zu dem wir zurück ins Haus mußten und während dessen wir nur daran dachten, sogleich danach in unser Zimmer hinaufzugehen, um das unterbrochene Kapitel zu beenden, all das, worin unser Lesen uns nur Belästigung hätte sehen lassen müssen, grub im Gegenteil eine so sanfte Erinnerung in uns ein (die nach unserm heutigen Urteil um so vieles kostbarer ist als das, was wir damals mit Hingabe lasen), daß, wenn wir heute manchmal in diesen Büchern von einst blättern, sie nur noch wie die einzigen aufbewahrten Kalender der entflohenen Tage sind, und es mit der Hoffnung geschieht, auf ihren Seiten die nicht mehr existierenden Wohnstätten und Teiche sich widerspiegeln zu sehen.

Wer erinnert sich nicht, wie ich, des Lesens während der Ferien, das man nacheinander in all jenen Stunden des Tages barg, die hinreichend friedlich und unverletzlich waren, um ihm Asyl zu gewähren. Morgens, nach der Rückkehr aus dem Park, wenn alle zu einem Spaziergang aufgebrochen waren, schlüpfte ich in das Eßzimmer, das bis zu der noch fernen Stunde des Mittagessens niemand, bis auf die alte, verhältnismäßig stille Félicie, betreten würde und wo ich als dem Lesen besonders gewogene Gefährten nur die an der Wand hängenden bemalten Teller hatte, den Kalender, dessen vortägiges Blatt frisch abgerissen worden war, die Standuhr und das Feuer, die beide sprechen, ohne zu erwarten, daß man ihnen antwortet, und deren sanfte, sinnlose Sätze nicht wie die Worte der Menschen einen andern Sinn an die Stelle der Wörter setzen, die man liest. Ich ließ mich auf einem Stuhl vor dem kleinen Holzfeuer nieder, von dem der früh aufstehende und gärtnernde Onkel während des Mittagessens sagen würde: »Das ist gar nicht übel. Man kann ganz gut ein bißchen Feuer vertragen. Ich kann euch versichern, daß es heute morgen um sechs im Garten noch hübsch kalt war. Wenn man bedenkt, daß in acht Tagen Ostern ist!« Bis zum Mittagessen, das leider dem Lesen ein Ende setzen würde, waren es noch zwei volle Stunden. Von Zeit zu Zeit hörte man das Geräusch der Pumpe, aus der gleich das Wasser fließen würde und durch die man veranlaßt wurde, den Blick zu heben, um sie durch das geschlossene Fenster zu betrachten, hier, ganz nah, auf dem einzigen Weg des Gärtchens, das seine mit Stiefmütterchen bepflanzten Beete mit Ziegeln und halbmondförmigen Fayencen einfaßte: Stiefmütterchen, die an den allzu schönen Himmeln gepflückt zu sein schienen, an den buntschillernden Himmeln, als ob sich die Kirchenfenster darin spiegelten, und die man zuweilen zwischen den Dächern des Dorfes sah, an den trüben Himmeln, die vor den Gewittern erschienen oder danach, sehr spät, wenn der Tag schon zu Ende ging. Leider kam die Köchin lange im voraus, um den Tisch zu decken; und wenn sie ihn wenigstens gedeckt hätte, ohne zu sprechen! Aber sie glaubte sagen zu müssen: »Sie sitzen nicht bequem; soll ich Ihnen einen Tisch heranrücken?« Und nur, um »Nein, vielen Dank!« zu antworten, mußte man plötzlich innehalten und von weither seine Stimme holen, die hinter den Lippen geräuschlos eilig alle Wörter nachsprach, die die Augen gelesen hatten; man mußte sie anhalten, sie hervortreten lassen und, damit sie höflich »Nein, vielen Dank!« sage, ihr den Anschein von gewöhnlichem Leben und den Tonfall einer Antwort geben, den sie verloren hatte. Die Zeit verging; oft begannen lange vor dem Mittagessen schon jene in das Eßzimmer zu treten, die, weil sie ermüdet waren, den Spaziergang abgekürzt und »den Weg über Méréglise« genommen hatten, oder auch jene, die an diesem Vormittag überhaupt nicht weggegangen waren, weil sie »zu schreiben« hatten. Sie sagten wohl: »Laß dich nicht stören«, aber begannen doch bald, sich dem Feuer zu nähern, nach der Uhrzeit zu sehen und zu erklären, daß das Mittagessen nicht unwillkommen wäre. Man erwies denen, die zu Hause geblieben waren, »um zu schreiben«, eine besondere Ehrerbietung und sagte zu ihnen: »Haben Sie Ihre Korrespondenz erledigt«, mit einem Lächeln, in dem Achtung, Geheimnis, Anzüglichkeit und Rücksichtnahme lagen, als ob diese »Korrespondenz« zugleich ein Staatsgeheimnis, ein Vorrecht, ein Liebesglück und eine Indisposition wäre. Einige setzten sich, ohne noch länger zu warten, zu Tisch, an ihren Platz. Das brachte mich in tiefe Betrübnis, denn es würde ein schlechtes Beispiel für die andern Ankommenden sein, würde den Eindruck erwecken, daß es bereits zwölf Uhr sei, und meine Eltern zu früh das verhängnisvolle Wort sprechen lassen: »Komm, klapp dein Buch zu, wir wollen essen.« Alles war bereit, der Tisch fertig gedeckt, es fehlte nur, was man erst am Ende der Mahlzeit bringen würde, nämlich der gläserne Apparat, in dem der gärtnernde und küchenbewanderte Onkel selbst am Tisch den Kaffee zubereitete, ein Apparat mit komplizierten Röhren wie ein physikalisches Gerät, das einen guten Geruch hätte und in dem man mit größtem Vergnügen das plötzliche Aufwallen in der Glasglocke beobachtete, das dann an den beschlagenen Wänden einen duftenden dunkelbraunen Satz zurückließ; sowie auch die Schlagsahne und die Erdbeeren, die derselbe Onkel in stets gleichem Verhältnis mischte, mit der Erfahrung eines Koloristen und dem Ahnungsvermögen eines Feinschmeckers immer genau bei dem entsprechenden Rosa innehaltend. Wie mir das Mittagessen lang vorkam! Meine Großtante kostete nur von den Gerichten, um ihre Meinung mit einer

Sanftheit zu sagen, die Widerspruch zwar ertrug, aber nicht zuließ. Bei einem Roman oder bei Versen, Dingen, in denen sie sich sehr gut auskannte, unterwarf sie sich stets mit der Demut einer Frau der Meinung von Kompetenteren. Sie glaubte, daß das der unbestimmte Bereich der Laune sei, in dem der Geschmack eines einzelnen die Wahrheit nicht fixieren könne. Doch bei Dingen, deren Regeln und Prinzipien sie ihre Mutter gelehrt hatte, bei der Art und Weise, wie bestimmte Gerichte zubereitet werden müßten, wie Beethovensonaten zu spielen seien oder wie man mit Freundlichkeit Gäste zu empfangen habe, war sie überzeugt, eine angemessene Vorstellung von der Vollkommenheit zu besitzen und unterscheiden zu können, ob die andern sich ihr mehr oder weniger näherten. Für diese drei Dinge war die Vollkommenheit übrigens fast die gleiche: es war eine Art von Einfachheit in den Mitteln, von Schlichtheit und Charme. Sie lehnte entsetzt ab, daß man Gewürze an Gerichte tat, die dies nicht unbedingt erforderten, daß man mit Affektiertheit und unter Mißbrauch des Pedals spielte und daß man beim Empfang von

Gästen über eine vollkommene Natürlichkeit hinausging und mit Übertreibung von sich selbst sprach. Sie erhob den Anspruch, beim ersten Bissen, beim ersten Ton oder nach einem einfachen Briefchen zu wissen, ob sie es mit einer guten Köchin, einem wahren Musiker oder einer gut erzogenen Frau zu tun hatte. »Sie mag eine viel größere Fingerfertigkeit haben als ich, aber es fehlt ihr an Geschmack, wenn sie dieses so schlichte Andante mit einer solchen Emphase spielt.« »Das mag eine glänzende Frau mit sehr vielen Qualitäten sein, aber unter diesen Umständen von sich zu sprechen, beweist einen Mangel an Takt.« »Das mag eine sehr beschlagene Köchin sein, aber sie versteht es nicht, ein Beefsteak mit Äpfeln zu machen.« Das Beefsteak mit Äpfeln! ein ideales Wettbewerbsgericht, schwierig gerade durch seine Einfachheit, eine Art »Sonate Pathétique« der Küche, gastronomisches Äquivalent dessen, was im gesellschaftlichen Leben der Besuch einer Dame ist, die um Auskünfte über einen Hausangestellten bittet und bei einer so einfachen Handlung so viel Takt beweisen oder es so sehr an Takt und Erziehung fehlen lassen kann. Mein Großvater besaß so viel Eigenliebe, daß er wünschte, alle Gerichte wären gelungen, und er verstand so wenig vom Kochen, daß er nie wissen konnte, wann sie mißlungen waren. Er wollte wohl zugeben, daß sie es zuweilen waren, sehr selten im übrigen, jedoch nur aufgrund eines reinen Zufalls. Die Kritiken meiner Großtante, die dagegen unterstellten, daß die Köchin dieses bestimmte Gericht nicht zuzubereiten verstanden habe, mußten deshalb meinem Großvater besonders unerträglich erscheinen. Oft, um Diskussionen mit ihm zu vermeiden, äußerte meine Großtante, nachdem sie mit gespitztem Mund gekostet hatte, keine Meinung, was uns im übrigen unverzüglich erkennen ließ, daß diese ungünstig war. Sie schwieg, doch wir lasen in ihren sanften Augen eine unerschütterliche und überlegte Mißbilligung, die meinen Großvater in Zorn versetzen konnte. Er bat sie ironisch, ihre Meinung zu äußern, wurde ungeduldig über ihr Schweigen, bedrängte sie mit Fragen, wurde wütend, doch man spürte, daß man sie eher hätte zum Martyrium führen können, als sie die Überzeugung meines Großvaters bestä-

tigen zu hören, daß die Nachspeise nicht zu süß
sei.

Nach dem Mittagessen nahm ich meine Lektüre sofort wieder auf; besonders wenn der Tag
warm war, zog jeder sich in sein Zimmer zurück,
was mir erlaubte, über die kleine Treppe mit den
engen Stufen sofort in das meinige zu gehen, das
in dem einzigen Stockwerk lag, das so niedrig
war, daß man nach dem Übersteigen des Fenster-
bretts nur einen Kindersprung hätte zu tun brauchen, um auf die Straße zu gelangen. Ich ging
zum Fenster, um es zu schließen, ohne dabei den
Gruß des Büchsenmachers gegenüber vermeiden zu können, der unter dem Vorwand, seine
Rolläden herunterzulassen, jeden Tag nach dem
Mittagessen seine Pfeife vor der Tür rauchte und
den Vorübergehenden einen guten Tag wünschte, die dann manchmal stehenblieben, um mit
ihm zu plaudern. Die Theorien von William Morris, die von Maple und den englischen Deko-
rateuren so konstant angewandt worden sind,
schreiben vor, daß ein Zimmer nur dann schön
ist, wenn es keine anderen Dinge enthält als solche, die uns nützlich sind, und daß jedes nütz-

liche Ding, und sei es nur ein einfacher Nagel, nicht versteckt, sondern offen sichtbar sein müsse. Über dem völlig offenen Bett aus Messingstangen, an den kahlen Wänden dieser hygienischen Zimmer ein paar Reproduktionen von Meisterwerken. Wenn man es nach diesen ästhetischen Prinzipien beurteilt, war mein Zimmer keineswegs schön, denn es war voll von Dingen, die zu nichts dienen konnten und die schamhaft, bis zu einem Grade, der ihren Gebrauch außerordentlich erschwerte, jene verbargen, die zu etwas dienten. Aber die Dinge, die nicht zu meiner Bequemlichkeit da waren, sondern die zu ihrem Vergnügen dorthin geraten zu sein schienen, machten für mich gerade die Schönheit meines Zimmers aus. Die hohen weißen Vorhänge, die das Bett, wie in der Tiefe eines Heiligtums aufgestellt, den Blicken entzogen; das Gestreu von Plumeaus aus Marzellin, von blumenverzierten Steppdecken, bestickten Überdecken und Kopfkissenbezügen aus Batist, unter denen es tagsüber wie ein Altar im Marienmonat unter Girlanden und Blumen verschwand und die ich abends, um mich schlafen legen zu können, vorsichtig auf einen Sessel legte, wo sie einwilligten, die Nacht zu verbringen; neben dem Bett die Dreiheit des blau gemusterten Glases, der gleichartigen Zuckerdose und der Karaffe (die vom Tag nach meiner Ankunft an auf Anordnung meiner Tante stets leer war, weil sie befürchtete, ich könnte sie ›ausschütten‹), eine Art von Kultinstrumenten – fast ebenso geheiligt wie der kostbare Likör aus Orangenblüten, der neben ihnen in einer Glasphiole stand –, von denen ich ebensowenig glaubte, daß es erlaubt sei, sie zu entweihen oder sie auch nur zu meinem persönlichen Gebrauch zu verwenden, als wenn es geweihte Hostiengefäße gewesen wären, die ich jedoch lange betrachtete, bevor ich mich entkleidete, voller Angst, sie durch eine falsche Bewegung umzuwerfen; die kleinen, in Stäbchen gehäkelten Stolen, die über die Lehnen der Sessel ein Gewand aus weißen Rosen breiteten, die offenbar nicht ohne Dornen waren, da ich jedesmal, wenn ich mit Lesen fertig war und aufstehen wollte, bemerkte, daß ich daran hängenblieb; die Glasglocke, unter der, geschützt vor vulgären Berührungen, die Standuhr vertraulich für Muscheln schwatzte, die von weither gekommen waren, und für eine alte sentimentale Blume, doch die so schwer zu heben war, daß, wenn die Uhr stehenblieb, niemand außer dem Uhrmacher so unvorsichtig gewesen wäre, es zu unternehmen, sie wieder aufzuziehen; das weiße Tuch in erhabener Stickerei, das wie eine Altardecke über die Kommode gebreitet war, die zwei Vasen, ein Bild des Erlösers und ein gesegneter Buchsbaumzweig schmückten, ließ diese dem Tisch des Herrn gleichen (eine Vorstellung, die durch einen Betstuhl, den man jeden Tag, »wenn das Zimmer fertig« war, dorthinstellte, noch vervollständigt wurde), doch seine heraushängenden Fäden, die sich immer in den Spalten der Schubläden festklemmten, verhinderten so vollständig deren Beweglichkeit, daß ich niemals auch nur ein Taschentuch herausholen konnte, ohne mit einem Schlag das Bild des Erlösers, die geheiligten Vasen und den geweihten Zweig umzuwerfen und ohne selbst dabei zu stolpern, wobei ich am Betstuhl Halt suchte; und schließlich die dreifache Übereinanderlagerung von kleinen Schleiergardinen, großen Musselin- und noch größe-

ren Barchentvorhängen, die in ihrem oft besonn-
ten Hagedornweiß immer lächelnd heiter aus-
sahen, aber im Grunde recht aufreizend waren
mit ihrer Ungeschicklichkeit und ihrer Verses-
senheit, sich um ihre parallel verlaufenden Holz-
leisten zu schlingen, sich ineinander zu verwi-
ckeln oder sich alle ins Fenster zu klemmen,
sobald ich dieses schließen wollte, wobei ein
zweiter Vorhang stets bereit war, wenn es mir
gelungen war, einen ersten loszumachen, unverzüglich dessen Stelle in den Spalten einzunehmen, die von ihnen ebenso vollkommen ausge-
füllt waren, wie sie es durch einen wirklichen
Hagedornstrauch gewesen wären, oder durch
ein Nest von Schwalben, die die Idee gehabt hätten, sich hier niederzulassen, so daß ich die
scheinbar so einfache Handlung, mein Fenster
zu öffnen oder zu schließen, niemals ohne die
Hilfe von jemandem aus dem Hause vollenden
konnte; all diese Dinge, die nicht nur keines
meiner Bedürfnisse befriedigen konnten, sondern sogar ein – im übrigen leichtes – Hindernis
bei ihrer Befriedigung darstellten, und die natürlich niemals zu jemandes Nutzen dort hinge-

bracht worden waren, erfüllten mein Zimmer mit gewissermaßen persönlichen Gedanken, mit jenem Gebaren einer besonderen Vorliebe, sich gerade diesen Ort zum Leben ausgesucht zu haben und sich hier wohlzufühlen, wie es oft Bäumen auf einer Lichtung eigen ist oder Blumen am Wegrand und auf alten Mauern. Sie erfüllten es mit einem stillen, vielfachen Leben, mit einem Geheimnis, in dem sich meine Person verloren und zugleich bezaubert fand; sie machten aus diesem Zimmer eine Art Kapelle, in der die Sonne, wenn sie durch die kleinen roten Scheiben fiel, die mein Onkel im oberen Teil der Fenster hatte einsetzen lassen, und nachdem sie den Weißdorn der Vorhänge rötlich gefärbt hatte, auf den Wänden so seltsame Lichtschimmer hervorrief, als ob die kleine Kapelle in ein größeres Schiff mit farbigen Fenstern eingeschlossen wäre, und in die das Läuten der Glocken infolge der großen Nähe der Kirche, mit der im übrigen an großen Festtagen die Ruhealtäre unser Haus durch einen Blumenweg verbanden, so laut drang, daß ich mir vorstellen konnte, sie würden unter unserm Dach geläutet, dicht über dem Fenster, von dem aus ich oft den sein Gebetbuch in der Hand haltenden Pfarrer grüßte, meine von der Vesper zurückkehrende Tante oder auch den Chorknaben, der uns geweihtes Brot brachte. Was Browns Photographie des *Frühlings* von Botticelli betrifft oder die Nachahmung in Gips der *Unbekannten* aus dem Museum von Lille, die an den Wänden oder auf dem Kamin von Maples Zimmern den von William Morris der nutzlosen Schönheit zugestandenen Anteil darstellen, so muß ich gestehen, daß sie in meinem Zimmer durch eine Art Stich ersetzt waren, der den Prinzen Eugen zeigte, furchtbar und schön in seinem Dolman, ein Stich, den ich mit großem Staunen eines Nachts in einem gewaltigen Lärm von Lokomotiven und Hagel, immer noch furchtbar und schön, an der Tür eines Bahnhofsbuffets bemerkte, wo er als Reklame für eine Zwiebackspezialität diente. Ich habe heute meinen Großvater im Verdacht, daß er ihn einst infolge der Freigebigkeit eines Fabrikanten als Prämie erhalten hat und ihn dann für immer in meinem Zimmer unterbrachte. Doch damals kümmerte ich mich nicht um seine Herkunft, die mir historisch und geheimnisvoll vorkam, und ich dachte nicht, daß es mehrere Exemplare dessen geben könnte, was ich als eine Person, als einen ständigen Bewohner des Zimmers ansah, das ich mit ihm nur teilte und in dem ich ihn jedes Jahr sich selbst stets gleich wieder vorfand. Es ist jetzt lange her, daß ich ihn gesehen habe, und ich nehme an, daß ich ihn auch nicht mehr wiedersehen werde. Doch wenn mir ein solches Glück zustieße, glaube ich, daß er mir viel mehr zu sagen hätte als der *Frühling* von Botticelli. Ich überlasse es den Leuten mit Geschmack, ihre Wohnung mit den Reproduktionen von Meisterwerken zu schmücken, die sie bewundern, und ihr Gedächtnis von der Mühe zu befreien, ihnen ein kostbares Bild zu bewahren, indem sie es einem geschnitzten Holzrahmen anvertrauen. Ich überlasse es den Leuten mit Geschmack, aus ihrem Zimmer das genaue Abbild ihres Geschmacks zu machen und es nur mit Dingen anzufüllen, die er billigen kann. Was mich angeht, so fühle ich mich in einem Zimmer nur leben und denken, in dem alles die Schöpfung und der Ausdruck eines Lebens ist, das von dem meini-

gen zutiefst verschieden ist, und in dem alles
von einem dem meinigen entgegengesetzten Geschmack ist; in dem ich nichts von meinem be-
wußten Denken wiederfinde; in dem meine Vor-
stellungskraft sich begeistert, während sie sich in
den Schoß des Nicht-Ich versenkt fühlt; ich fühle mich nur glücklich, wenn ich – in der Bahn-
hofstraße, am Hafen oder am Marktplatz – eines
jener Provinzhotels mit langen kalten Fluren betrete, wo der Wind von draußen mit Erfolg gegen
die Bemühungen der Heizvorrichtung kämpft;
wo die detaillierte Karte des Arrondissements
noch der einzige Schmuck der Wände ist; wo jedes Geräusch nur dazu dient, die Stille hervortreten zu lassen, indem es sie von der Stelle
schiebt; wo die Zimmer einen Geruch von Abge-
schlossenheit haben, den die frische Luft hinaus-
spült, aber nicht beseitigt, und den die Nüstern
hundertmal einatmen, um ihn der Vorstellungs-
kraft zuzutragen, die darüber entzückt ist und
die ihn wie ein Modell posieren läßt, um zu versuchen, ihn nachzuschaffen mit allem, was er an
Gedanken und Erinnerungen enthält; wo man
abends, wenn man die Tür zu seinem Zimmer

öffnet, das Gefühl hat, das ganze darin verstreut zurückgebliebene Leben zu vergewaltigen, es kühn in die Hand zu nehmen, wenn man, nachdem die Tür geschlossen ist, weiter bis zum Tisch oder bis zum Fenster vorwärtsgeht, sich in einer Art freier Promiskuität mit ihm auf das Kanapee zu setzen, das der Polsterer der Kreisstadt nach dem, was er für Pariser Geschmack hielt, hergestellt hat, überall an die Nacktheit dieses Lebens zu rühren, in der Absicht, sich selbst durch die eigene Vertraulichkeit zu verwirren, indem man seine Sachen hierhin und dorthin legt, indem man den Herrn in diesem von dem Wesen der andern bis zum Rand erfüllten Zimmer spielt, das bis in die Form des Feuerbocks und die Muster der Vorhänge den Abdruck ihrer Träume bewahrt hat, indem man mit bloßen Füßen über seinen unbekannten Teppich geht; man hat dann das Gefühl, dieses geheime Leben mit sich einzuschließen, wenn man sich zitternd der Tür nähert, um den Riegel vorzuschieben; es vor sich in das Bett zu stoßen und schließlich mit ihm in den großen weißen, bis übers Gesicht reichenden Bettüchern zu schlafen, während ganz in der

Nähe die Kirche für die ganze Stadt die schlaflosen Stunden der Sterbenden und der Liebespaare läutet.

Ich konnte nie lange in meinem Zimmer lesen, da mußte ich in den einen Kilometer vom Dorf entfernten Park gehen. Doch nach dem auferlegten Spiel kürzte ich das Ende der Nachmittagsmahlzeit ab, die in Körben mitgebracht und am Ufer des Flusses im Gras an die Kinder verteilt worden war, dort, wo auch das Buch lag, das wieder zu nehmen verboten war. Etwas weiter entfernt, in ziemlich ungepflegten und geheimnisvollen Tiefen des Parks, hörte der Fluß auf, ein gradliniger, künstlicher Wasserlauf zu sein, auf dem Schwäne schwammen und der von Wegen mit lächelnden Statuen eingefaßt war; er durcheilte, während manchmal Karpfen aus seinem Wasser sprangen, die Einfriedung des Parks und wurde zu einem Fluß im geographischen Sinn des Wortes – einem Fluß, der einen Namen haben mußte – und zögerte nicht (wirklich derselbe wie der zwischen den Statuen und unter den Schwänen?), sich zwischen die Wiesen zu ergießen, auf denen Rinder schliefen und deren

Butterblumen er umspülte, Wiesen, die durch ihn ziemlich sumpfig wurden und auf der einen Seite durch unförmige Türme, die, wie man sagte, Reste aus dem Mittelalter waren, mit dem Dorf zusammenhingen und auf der anderen Seite durch ansteigende, mit Heckenrosen und Weißdornhecken bewachsene Wege bis in die »freie Natur« reichten, die sich ins Endlose erstreckte, bis zu Dörfern, die andere Namen hatten, bis ins Unbekannte. Ich ließ die andern im unteren Teil des Parks am Ufer der Schwäne ihre Mahlzeit beenden und rannte in dem Labyrinth aufwärts bis zu einer Haselhecke, wo ich mich, unauffindbar, niederließ und mich an die gestutzten Haselsträucher lehnte, von wo aus ich das Spargelfeld sah, die mit Erdbeeren bepflanzten Umrandungen, das Becken, aus dem an manchen Tagen im Kreis gehende Pferde Wasser heraufschöpften, das weiße Tor, das das obere »Ende des Parks« darstellte, und jenseits davon die Felder mit Kornblumen und Mohnblumen. In dieser Haselhecke herrschte tiefe Stille, und die Gefahr, entdeckt zu werden, war sehr klein; die Sicherheit wurde noch süßer durch die fernen Stimmen derer, die von unten vergeblich nach mir riefen, die manchmal sogar näherkamen, die ersten Böschungen heraufstiegen, überall suchten, aber schließlich wieder umkehrten, da sie mich nicht gefunden hatten; dann kein Geräusch mehr; nur von Zeit zu Zeit der goldene Ton der Glocken, die in der Ferne, jenseits der Ebenen hinter dem blauen Himmel, zu ertönen schienen und mich über die verstreichende Zeit hätten unterrichten können, doch von ihrer Sanftheit überrascht und durch das darauf folgende noch tiefere, auch von den letzten Tönen befreite Schweigen verwirrt, war ich der Schläge niemals sicher. Es waren nicht die dröhnenden Glocken, die man bei der Rückkehr ins Dorf hörte – wenn man sich der Kirche näherte, die in der Nähe wieder ihre hohe starre Gestalt angenommen hatte und ihre von Raben gepunktete Schieferhaube in das Blau des Abends reckte –, wie sie den Ton in Splittern auf dem Platz umherfliegen ließen »für die Güter der Erde«. Sie kamen nur abgeschwächt und sanft bis zum Ende des Parks, sich nicht mehr an mich richtend, sondern an alle Dörfer, an die auf ihren Feldern verstreuten

Bauern, sie zwangen mich keineswegs, den Kopf zu heben, sie gingen nahe an mir vorbei, die Stunde in ferne Länder tragend, ohne mich zu sehen, ohne mich zu kennen und ohne mich zu stören.

Und manchmal schützten auch zu Hause im Bett, lange nach dem Abendessen, die letzten Stunden des Tages meine Lektüre, doch dies nur an Tagen, an denen ich die letzten Kapitel eines Buches erreicht hatte und bis zum Ende nicht mehr viel zu lesen blieb. Trotz der Gefahr einer Strafe, wenn ich entdeckt würde, und trotz der Schlaflosigkeit, die sich nach Beendigung des Buches vielleicht über die ganze Nacht hinziehen würde, zündete ich dann, nachdem meine Eltern schlafen gegangen waren, meine Kerze wieder an; während über der nahen Straße zwischen dem stumm daliegenden Haus des Büchsenmachers und der Post der dunkle und doch blaue Himmel voller Sterne war und man links über dem erhöhten Gäßchen, wo dessen sich wendender Aufstieg begann, die Apsis der Kirche ungeheuerlich und schwarz wachen fühlte, der dörflichen und historischen Kirche, deren

Skulpturen in der Nacht nicht schliefen, magischer Aufenthaltsort des Lieben Gottes, des geweihten Gebäcks, der vielfarbigen Heiligen und der Damen der benachbarten Schlösser, die an den Festtagen beim Überqueren des Marktes die Hühner gackern und die Klatschtanten gaffen ließen, wenn sie in ihren Kutschen zur Messe kamen, nicht ohne vor der Rückkehr beim Konditor auf dem Platz, unmittelbar nachdem sie den Schatten des Portals verlassen hatten, über das die Gläubigen durch das Aufstoßen der Klapptür die umherirrenden Rubine des Schiffes säten, ein paar jener turmförmigen, durch eine Markise vor der Sonne geschützten Kuchen zu kaufen – »Manqués«, »Saint-Honorés« und »Génoises« –, deren müßiggängerischer und süßer Geruch für mich mit den Glocken des Hochamts und der Fröhlichkeit der Sonntage verbunden bleibt.

Dann war die letzte Seite gelesen, das Buch war beendet. Ich mußte den eiligen Lauf der Augen anhalten und den der ihnen lautlos folgenden Stimme, der nur abbrach, um in einem tiefen Seufzer Atem zu schöpfen. Nun, um den zu lange schon in mir entfesselten Tumulten, damit sie sich beruhigen könnten, andere Bewegungen zu verschaffen, erhob ich mich und begann neben meinem Bett auf- und abzugehen, die Augen noch auf einen Punkt geheftet, den man vergeblich innerhalb oder außerhalb des Zimmers gesucht hätte, denn er lag nur in einem Abstand von der Seele, einem jener Abstände, die nicht wie die andern in Metern oder Meilen gemessen werden und die im übrigen unmöglich mit diesen verwechselt werden können, wenn man die »abwesenden« Blicke jener betrachtet, die »an etwas anderes« denken. Aber wie? das Buch war nicht mehr als das? Diese Wesen, denen man mehr von seiner Aufmerksamkeit und seiner Zärtlichkeit geschenkt hatte als den Menschen des wirklichen Lebens, ohne es immer zu wagen, sich einzugestehen, in welchem Maße man sie liebte, und sogar, wenn unsere Eltern uns beim Lesen antrafen und es aussah, als ob sie unsere Erregung belächelten, mit betonter Gleichgültigkeit oder gespielter Langeweile das Buch schließend; diese Wesen, für die man außer Atem geraten und für die man geschluchzt hatte, würde man niemals wiedersehen, man würde nichts weiter über sie erfahren. Schon seit einigen Seiten hatte der Verfasser in dem grausamen »Epilog« Sorge getragen, daß sie in größeren Abstand gerieten, und zwar mit einer Gleichgültigkeit, die unglaublich war für jemanden, der das Interesse kannte, mit dem er ihnen bis dahin Schritt für Schritt gefolgt war. Die Verwendung jeder Stunde ihres Lebens war uns erzählt worden. Nun plötzlich: »Zwanzig Jahre nach diesen Ereignissen konnte man in den Straßen von Fougères[1]

1 Ich gestehe, daß mancher Gebrauch des Imperfekts des Indikativs – dieser grausamen Zeit, die uns das Leben wie etwas Ephemeres und Passives zugleich darbietet, das in dem Augenblick, in dem es unsere Handlungen nachzeichnet, sie mit Illusion schlägt, sie in der Vergangenheit vernichtet, ohne uns, wie das Perfekt, den Trost der Aktivität zu lassen – für mich eine unerschöpfliche Quelle geheimnisvoller Traurigkeiten geblieben ist. Heute noch kann ich stundenlang mit Ruhe an den Tod gedacht haben, ich brauche nur einen Band der *Lundis* von Sainte-Beuve aufzuschlagen und zum Beispiel auf diesen Satz von Lamartine zu stoßen (es handelt sich um Mme d'Albany): »Nichts in ihr *erinnerte* in jener Zeit … Es *war* eine kleine Frau, deren Figur, die unter ihrem Gewicht etwas zusammengefallen war, usw. …«, um mich sogleich von der tiefsten Melancholie überflutet zu fühlen. –

einem noch ungebeugten alten Mann begegnen, usw.« Und von der Hochzeit, deren beglückende Möglichkeit zu zeigen zwei Bände gebraucht worden waren, uns erst in Schrecken versetzend und dann in Freude über jedes auftauchende und überwundene Hindernis, erfahren wir durch einen beiläufigen Satz einer Nebenperson, daß sie gefeiert worden ist, wir wissen nicht recht, wann, in diesem erstaunlichen Epilog, der scheinbar von der Höhe des Himmels herab geschrieben wurde, und zwar von einer unseren eintägigen Leidenschaften gegenüber gleichgültigen Person, die sich an die Stelle des Autors gesetzt hat. Man hätte so gern gehabt, daß das Buch weiterginge und daß man, wenn dies nicht möglich war, doch weitere Auskünfte über all diese Personen erhalten und etwas über ihr Leben erfahren hätte, oder daß wir das unsere auf Dinge verwenden könnten, die nicht völlig ohne Beziehung zu der Liebe wären, die sie uns eingegeben hatten[1] und

In Romanen ist die Absicht des Autors, Schmerz zu bereiten, so sichtbar, daß man sich ein wenig mehr verhärtet.

1 Man kann es auf eine Art Umweg bei Büchern, die nicht rein fiktiv sind und bei denen es eine historische Grundlage gibt,

deren Gegenstand uns plötzlich fehlte, daß wir nicht vergeblich für ein paar Stunden Wesen geliebt hätten, die morgen nur noch ein Name auf einer vergessenen Seite sein würden, in einem Buch, das ohne Beziehung zum Leben ist und

versuchen. Balzac zum Beispiel, dessen in gewisser Beziehung unreines Werk aus Geist und ungenügend verwandelter Wirklichkeit gemischt ist, eignet sich manchmal besonders gut zu dieser Art des Lesens. Zumindest hat er den bewunderungswürdigsten dieser »historischen Leser« in M. Albert Sorel gefunden, der über *Une Ténébreuse Affaire* und *L'Envers de l'Histoire Contemporaine* unvergleichliche Essays geschrieben hat. Wie sehr scheint im übrigen das Lesen, dieser zugleich glühende und gelassene Genuß, Monsieur Sorel angemessen zu sein, diesem forschenden Geist, diesem ruhigen, mächtigen Körper, das Lesen, bei dem die tausend Empfindungen von Poesie und unbestimmtem Wohlbefinden, die sich mit Fröhlichkeit aus der Tiefe der guten Gesundheit erheben, rings um die Verträumtheit des Lesers eine honigsanfte und goldfarbene Lust schaffen. – Die Kunst, so viele originelle und tiefgreifende Überlegungen in das Lesen einzuschließen, hat Monsieur Sorel übrigens nicht anläßlich halb historischer Werke zu dieser Vollkommenheit entwickelt. Immer werde ich mich daran erinnern – und mit welcher Dankbarkeit –, daß meine Untersuchung über die *Bible d'Amiens* für ihn das Thema der kraftvollsten Seiten gewesen ist, die er vielleicht jemals geschrieben hat.

über dessen Wert wir uns sehr getäuscht hatten, da seine Bestimmung hienieden, wie wir nun begriffen und wie es uns unsere Eltern notfalls durch einen verächtlichen Satz beibrachten, keineswegs, wie wir geglaubt hatten, darin bestand, das Universum und das Schicksal zu enthalten, sondern einen sehr schmalen Platz im Bücherschrank des Notars zwischen den reizlosen Jahrgängen des *Journal de modes illustré* und der *Géographie d'Eure-et-Loir* einzunehmen.

In den Annalen der Bücher, die mich verstört und mir Angst gemacht haben, fehlen komischerweise die Märchen der Brüder Grimm. Eigentlich hätte man doch erwarten sollen, dass mich diese gruseligen und schrecklich gewalttätigen Geschichten als Kind um den Schlaf brachten, doch aus irgendeinem Grund bekam ich einfach nicht genug davon. Ich war in der dritten Klasse, als ich oben auf dem Dachboden, wo ich mit meinen beiden besten Freundinnen Christie und Meg nach der Schule herumstöberte, eine alte, verstaubte Ausgabe der Märchen entdeckte. Wir waren gerade sehr in Kriminal- und Geistergeschichten vernarrt, und als wir das Buch fanden, waren wir sofort überzeugt, auf ein dunkles Geheimnis gestoßen zu sein, das meine Eltern vor uns verschlossen halten wollten.

Es war ein wunderbares altes Buch, mit Goldschnitt und Illustrationen, die von hauchdünnem Transparentpapier geschützt wurden, und voller schöner Worte wie »Hungersnot«, »Prophezeiung« oder »Lindwurm«. Von nun an schlichen wir bei jeder sich bietenden Gelegenheit auf den Dachboden, machten es uns auf ein paar abgenutzten Packdecken bequem und lasen im Schein der Taschenlampe darin.

In Wirklichkeit hatten meine Eltern das Buch von einer entfernten Verwandten zur Geburt meiner älteren Schwester geschenkt bekommen und es auf dem Dachboden verstaut, weil es ihnen – aus gutem Grund – als Gute-Nacht-Lektüre nicht ganz geeignet schien. Ich habe an diese Verwandte nur die Erinnerung, dass ich, als ich noch ganz klein war, bei Familienfeiern immer auf ihrem Schoß sitzen musste und sie mir dann erklärte: »Wenn du dir nicht ordentlich die Haare kämmst, fallen dir die Daumen ab!« Es überrascht also nicht weiter, dass ausgerechnet sie meinen Eltern das Buch geschenkt hat. *Grimms Märchen* wimmeln nur so von Kindern, die ein gewaltsames Ende finden, Gliedmaßen verlieren, sich im Wald verirren oder wahlweise von Hexen oder Wölfen gefressen werden – aber es wimmelt darin auch von Essen.

Jacob und Wilhelm Grimm wussten sehr genau, was es hieß, nichts zu essen zu haben. Ihre ersten Lebensjahre verbrachten sie zwar noch in behaglichen Verhältnissen, doch schon als Jugendliche waren sie verwaist und mussten sich um ihre jüngeren Geschwister kümmern. In der Zeit, als ihre Märchensammlung entstand, nahmen sie oft nur eine Mahlzeit am Tag zu sich, damit ihre Brüder und Schwestern genug zu essen hatten, es ist also nur folgerichtig, dass das Essen in fast allen Geschichten eine tragende Rolle spielt. Entweder ist es in Hülle und Fülle vorhanden, oder es fehlt komplett; es heilt und zerstört, es lockt, piesackt, nährt und rettet, und es ist immer Teil der Erzählung.

Nachdem wir ein paar Märchen gelesen hatten, bekamen Christie, Meg und ich jedes Mal schrecklichen Hunger, und wenn wir dann unsere Vollkornkekse mit Erdnussbutter mampften und dazu eiskalte Milch tranken, hatten wir oft ein leise schlechtes Gewissen beim Gedanken an die halb verhungerten Figuren, von deren Schicksal wir gerade erfahren hatten. Passenderweise war es kurz vor Weihnachten, als wir das

Märchen von Hänsel und Gretel lasen. Wir hatten etwas Weihnachtsdekoration auf den Dachboden geschmuggelt, von der wir glaubten, dass unsere Eltern sie nicht vermissen würden, und statt beim Schein der Taschenlampe lasen wir nun beim Schein elektrischer Adventskerzen.

Wir hatten alle drei zu irgendeinem Zeitpunkt schon eine veränderte, kinderfreundliche Version der Geschichte gehört. Umso schockierender war es jetzt, das Original zu entdecken. Wir waren angewidert von Hänsels und Gretels Vater, der einfach so dem Drängen seiner fürchterlichen neuen Frau nachgibt und den Tod seiner eigenen Kinder in Kauf nimmt, und wir empörten uns heftig darüber, dass er am Ende ungestraft davonkommt. Mich allerdings entsetzte am meisten die Stelle, als Hänsel und Gretel das Hexenhaus finden, sofort ganz selbstvergessen anfangen, daran zu knabbern, und sich nicht einmal davon stören lassen, dass die alte Frau von drinnen fragt, wer da an ihrem Häuschen knuspert! Ich war dazu erzogen worden, Erwachsene respektvoll zu behandeln, und war fassungslos, dass Hänsel und Gretel sich gegenüber einer alten Dame so ruppig und unhöflich benahmen, selbst wenn sie eine Hexe war.

Wir kamen zu dem Schluss, dass sich diese abscheuliche Untat nur wieder ausbügeln ließ, indem wir unser eigenes Hexenhaus bauten, und so machten Christie, Meg und ich uns daran, aufwendige und hochkomplizierte Entwürfe für das ultimative Lebkuchenhaus zu zeichnen. Bei Meg gab es Wendeltreppen und Balkone, von deren Brüstung Eiszapfen aus Zuckerguss hingen, Christies Haus hatte farbenfrohe Buntglas-Zuckerfenster, über meinem schwebten rosa Zuckerwattewölkchen, und das Haus grenzte an einen Sumpf aus Pistaziencreme. Als es dann an die Umsetzung ging, mussten wir allerdings feststellen, dass erhebliche Abstriche nötig waren.

Schließlich einigten wir uns darauf, unsere Anstrengungen zu bündeln und lieber ein großes Haus zu bauen als drei kleine. Wir zeichneten, schnitten aus und pausten durch, auf Papier und auf Teig, korrigierten und überarbeiteten unsere ursprünglichen Einfälle, und während wir anrührten, ausrollten und darauf warteten, dass alles abkühlte, redeten wir über das Märchen.

Im Grunde unterschied es sich nicht groß von den vielen beruflichen Küchenerfahrungen, die ich Jahre später machen sollte: Man tauscht Ideen mit anderen Köchen aus, entwirft und misst ab, baut riesige Luftschlösser, nur um sie dann immer weiter und weiter zu vereinfachen. Viele Stunden später traten wir mit müden Augen und steifen Fingern einen Schritt zurück und betrachteten stolz unser windschiefes Meisterwerk. Und obwohl uns der Magen knurrte und wir den Duft von Sirup und Nelken in der Nase hatten, aßen wir nicht das kleinste Stück davon, noch nicht einmal ein abgebrochenes Eckchen.

Ich fand es immer schon frustrierend, dass Lebkuchenhäuser, die doch gerade deshalb so großartig sind, weil man sie komplett vernaschen kann, trotzdem nicht zum Essen gedacht sind. Da schwitzt und schuftet man stundenlang, schnuppert die köstlichsten Düfte, rührt mit vom Teig ganz klebrigen Fingern süße Zuckerglasur zusammen, und zur Belohnung darf man das Ergebnis dann nur anschauen! Das ist doch einfach falsch.

EUGEN ROTH

Buchstabengetreu

Dem sechsjährigen Thomas haben wir vom
Christkind Pinocchios Abenteuer bringen lassen – sehr angestrengt hat es sich nicht dabei,
es begnügte sich mit einer dürftigen Ausgabe,
mäßig übersetzt und schlecht bebildert. Aber
Thomas liebt das Buch heiß, er schleppt es überall mit sich herum, und wer ihm in den Weg
kommt, muß ihm ein Stück daraus vorlesen.
Am Palmsonntag jedoch gerät unseligerweise
der zweijährige Stefan an das Buch, und ehe wirs
bemerken und hindern können, hat er es mit
stillglühendem Eifer tatsächlich in jene tausend
Fetzen zerrissen, die sonst nur in dichterischer
Übertriebenheit oder aus schriftstellerischer
Nachlässigkeit herhalten müssen. Jauchzend sitzt
der Missetäter in seinem Stall und berieselt sich
mit den weißen Flocken, nur ein kläglicher Rest
des Einbands erleichtert uns die Forschungen,
was ihm da in die Hände geraten war – bei Gott,
es hätte auch etwas Wertvolleres sein können!

Immerhin – wie sag ichs meinem Kinde? Wie teile ich es Thomas mit, daß das Brüderchen, der gefürchtete Spielzeugzertrümmerer, Bärenmörder und Puppenräuber, schon wieder ein solches Verbrechen auf sein blondlockiges Unschuldshaupt geladen hat?

Zum Glück fällt mir der Osterhase ein. Wir verwischen alle Spuren der Untat, helfen dem Thomas scheinheilig beim Suchen des verschwundenen Buches, und als wir uns gar nicht mehr denken können, wohin es wohl geraten war, lasse ich meinen großartigen Gedanken aufblitzen: »Am Ende hats der Osterhase mitgenommen, weil er ein viel schöneres Buch dafür bringen will!«

Thomas will kein schöneres Buch, sondern seinen »Bengele« wieder haben, wie der Name Pinocchio verdeutscht war. Also muß ich ihm schwören, den Osterhasen dementsprechend zu unterrichten. Wie es aber so geht, ich fahre am Karsamstag in die Stadt, ich habe viel zu besorgen, und die Läden beginnen schon zu schließen, als mir einfällt, daß ich nicht ohne Pinocchio nach Hause kommen darf, wenn nicht Ostern

43

ein Tag der Tränen und der Unbotmäßigkeit werden soll. Selten wird ein Buchhändler einen entschlosseneren Kunden gesehen haben als mich, ausgerechnet mich, den alten Zauderer. »Haben Sie irgendeinen Pinocchio?« »Jawohl, hier, um acht Mark fünfzig!« »Ist recht!« Das Geld (viel Geld!) auf den Tisch gelegt, und draußen bin ich. Es ist ein wunderschönes Buch, mit Holzschnitten von Zacharias, am liebsten behielte ich es selber. Ich lege es dann aber doch auf den Ostertisch meines Sohnes.

Die erste Überraschung ist groß, der Osterhase wird ob seiner Zuverlässigkeit gelobt, und nach der ersten »Eierschwemme« rückt der Pinocchio in den Mittelpunkt der Aufmerksamkeit. Ich muß vorlesen und beginne: »Es war einmal – ein König! ruft Ihr gewiß alle, wenn Ihr diese Geschichte lest. Falsch geraten! Es war einmal – ein Stück Holz …«

Weiter komme ich nicht. Thomas setzt sein überlegenstes Gesicht auf und erklärt mir, Wort für Wort genau, wie der richtige Text heißen müßte: »Es war einmal ein König – werden meine kleinen Leser sagen …« So geht es Satz um Satz,

Seite um Seite. Er kämpft um jeden Buchstaben. Und als nun der Held der Geschichte gar »Purzel« heißt, statt »Bengele«, ist es für Thomas ausgemacht, daß er das Opfer eines schmählichen Betrugs werden soll.

Vergebens bemühe ich mich, ihm klar zu machen, daß der Pinocchio von einem Italiener gedichtet worden sei und daß das ungefähr so klinge: »Pinocchio, quando va il treno per Napoli? Posso avere una camera, quanto costa al per notte? Brutta bestia, troppo caro …« mehr fällt mir in der Eile nicht ein, aber es genügt, um Thomas begreiflich zu machen, daß das kein deutsches Kind verstehen kann. »Und deshalb«, fahre ich weise fort, »haben liebe Onkel und Tanten das alles auf deutsch aufgeschrieben, und es ist doch dasselbe, ob es heißt ›er hielt Ausschau nach Arbeit‹ oder ›er sah sich nach einer Beschäftigung um …‹ und ob Du ihn jetzt Purzel nennst oder Bengele, ist doch auch gleich, wir könnten ihn ja auch ›Kasperl‹ oder ›Wurstel‹ heißen.«

Mit diesem unverzeihlichen Fehler hab ich alles wieder verdorben, denn Thomas weist mir ohne weiteres nach, daß der Kasperl und der Wurstl unmöglich mit dem Pinocchio personengleich sein können. Er bringt mir »Kasperls Abenteuer« und sagt mit Überzeugung: »Der Papi ist dumm!« Meine Frau spricht zwar ein Machtwort, aber damit ist wenig gewonnen. Wohl oder übel muß ich meine Belehrungen von vorn beginnen. Und endlich sind wir unter ständiger Textkritik bis zur Mitte des Buches fortgeschritten. Schon wiege ich mich in der Hoffnung, jetzt, wo Thomas nicht mehr Zeile um Zeile überwachen kann – denn so weit war noch niemand mit ihm vorgedrungen –, jetzt also, in unbekannten Abenteuern schwelgend, müßte ich leichtes Spiel mit ihm haben.

Eine Weile geht auch alles vorzüglich, dem peinlichen Textvergleich ist der Boden entzogen, die Unterschiebung des Purzels scheint glatt geglückt, er wird ohne Widerspruch statt des hölzernen Bengeles hingenommen; die Um-Taufe ist sozusagen in aller Form vollzogen.

Aber auf die frisch getauften Heiden ist noch nie ein rechter Verlaß gewesen. Der Thomas läßt das schöne Buch unbeachtet liegen, nie kommt er mehr, ich sollte ihm was vorlesen. Ich warte zwei, drei Wochen, dann frage ich ihn, so beiläufig wie möglich, wo sein Pinocchio ist. »Ich weiß es nicht«, sagt er traurig, »ich habe ihn nie wieder gefunden. Und wenn ihn der Osterhase mitgenommen hat, soll er sich nur nie wieder bei mir blicken lassen!« »Der liebe Osterhase?« frage ich erschrocken, »der Dir den wunderschönen neuen Pinocchio mitgebracht hat?« »Der Osterhase ist gar nicht lieb! Ich will den wieder, der angeht: ›Es war einmal ein König, werden meine kleinen Leser sagen‹, weißt Du?«

Nach einer Weile hatte Francie keine Lust mehr, den Jungen zuzuschauen. Sie wusste, dass sie spielen, kämpfen und posieren würden, bis es Zeit war, zum Abendessen nach Hause zu bummeln. Es war zwei Uhr. Inzwischen müsste die Bibliothekarin vom Mittagessen zurück sein. Voller Vorfreude ging Francie Richtung Bücherei.

Die Bücherei war klein, alt und schäbig. Francie fand sie wunderschön. In ihr fühlte sie sich ebenso wohl wie in der Kirche. Sie drückte die Tür auf und ging hinein. Sie mochte das Geruchsgemisch von abgewetzten Ledereinbänden, Bücherkleister und frisch betinteten Stempelkissen lieber als den Duft brennenden Weihrauchs beim Hochamt.

Francie glaubte, in der Bücherei seien alle Bücher der Welt, und ihr Plan war, alle Bücher der Welt auch zu lesen. Sie las ein Buch pro Tag in alphabetischer Reihenfolge und übersprang auch nicht die trockenen. Sie erinnerte sich, dass der erste Autor Abbott gewesen war. Sie hatte nun schon sehr lange ein Buch pro Tag gelesen und war noch immer bei B. Sie hatte schon über Bienen und Büffel gelesen, über Ferien auf den Bermudas und byzantinische Architektur. Bei aller Begeisterung musste sie jedoch zugeben, dass manche Bs schwierig waren. Aber Francie war eine Leserin. Sie las alles, was sie finden konnte: Schund, Klassiker, Fahrpläne und die Preisliste beim Lebensmittelhändler. Manches, was sie las, war wundervoll, beispielsweise die Bücher von Louisa Alcott. Sie plante, alle Bücher noch einmal zu lesen, wenn sie mit Z durch war.

Samstags war es anders. Da gönnte sie es sich, ein Buch außerhalb der alphabetischen Reihe zu lesen. An dem Tag bat sie die Bibliothekarin, ihr ein Buch zu empfehlen.

Nachdem Francie hereingekommen war und die Tür leise hinter sich geschlossen hatte – wie man es in einer Bücherei ja tun soll –, schaute sie rasch auf den kleinen goldbraunen Keramiktopf, der hinten auf dem Tisch der Bibliothekarin stand. Er zeigte die Jahreszeiten an. Im Herbst waren ein paar Zweige Bittersüß darin, zu Weihnachten Stechpalmenzweige. Sah sie Weidenkätzchen, wusste sie, dass der Frühling nahte, selbst wenn noch Schnee lag. Und heute, an dem Samstag im Sommer 1912, was stand da in dem Topf? Langsam hob sie den Blick vorbei an den grünen Stielen und den runden Blättchen und sah … Kapuzinerkresse! Rote, gelbe, goldene und elfenbeinweiße. Angesichts eines solch wundervollen Anblicks ergriff sie ein Kopfschmerz zwischen den Augen. Das wollte sie ihr ganzes Leben nicht vergessen.

»Wenn ich einmal groß bin«, dachte sie, »habe ich auch so einen braunen Krug, und im heißen August steht dann auch Kapuzinerkresse drin.«

Sie legte die Hand auf die Kante des polierten Tischs; ihr gefiel, wie er sich anfühlte. Sie blickte auf die ordentlich ausgerichtete Reihe frisch gespitzter Bleistifte, das saubere grüne Viereck der Kladde, den dicken weißen Krug mit dem cremigen Klebstoff, den präzisen Kartenstapel und die zurückgegebenen Bücher, die darauf warteten, wieder einsortiert zu werden. Der erstaun-

liche Stift mit dem Datumsstempel als Spitze lag
separat neben der Kladde.

»Ja, wenn ich groß bin und mein eigenes Haus
habe, gibt's keine Plüschsessel und Spitzenvor-
hänge. Und *keine* Gummipflanzen. Dann habe
ich genau so einen Tresen im Salon und weiße Wände und jeden Samstagabend eine saubere grüne Kladde und eine Reihe glänzender gel-
ber Bleistifte, die zum Schreiben immer gespitzt
sind, und einen goldbraunen Topf, in dem immer eine Blume oder ein paar Blätter oder Bee-
ren drin sind, und Bücher ... Bücher ... Bücher ...«

Sie wählte sich ihr Buch für den Sonntag; etwas
von einem Autor namens Brown. Francie hatte
das Gefühl, schon seit Monaten Browns zu lesen.
Wenn sie glaubte, sie sei damit fast fertig, musste
sie erkennen, dass das nächste Bord mit Browne
anfing. Danach kam Browning. Sie stöhnte auf,
da sie unbedingt weiter nach C wollte, wo ein
Buch von Marie Corelli stand, in das sie schon
einmal hineingeschaut hatte und das sie aufre-
gend fand. Ob sie wohl *jemals* so weit kam? Viel-

leicht sollte sie ja zwei Bücher täglich lesen. Vielleicht …

Sie stand lange an dem Tisch, bis die Bibliothekarin geruhte, sich ihr zuzuwenden.

»Ja?«, fragte die Dame gereizt.

»Das Buch da, das will ich.« Francie schob ihr das Buch hin, hinten aufgeschlagen, das Kärtchen aus der Hülle gezogen. Die Bibliothekare hatten den Kindern beigebracht, ihnen die Bücher so vorzulegen. Das ersparte ihnen die Mühe, mehrere hundert Bücher täglich aufzuschlagen und mehrere hundert Kärtchen aus ebenso vielen Hüllen zu ziehen.

Die Bibliothekarin nahm die Karte, stempelte sie und steckte sie in einen Schlitz im Tisch. Dann stempelte sie Francies Karte und schob sie ihr hin. Francie nahm sie, ging aber nicht.

»Ja?« Die Bibliothekarin blickte gar nicht erst auf.

»Könnten Sie ein gutes Buch für ein Mädchen empfehlen?«

»Wie alt?«

»Sie ist elf.«

Woche für Woche hatte Francie dieselbe Bitte,

und Woche für Woche stellte die Bibliothekarin dieselbe Frage. Ein Name auf einer Karte war für sie ohne Bedeutung, und da sie dem Kind nie ins Gesicht schaute, lernte sie auch nicht das Mädchen kennen, das Tag für Tag ein Buch auslieh und samstags zwei. Ein Lächeln hätte Francie viel bedeutet, und ein freundliches Wort hätte sie sehr glücklich gemacht. Sie liebte die Bücherei und wollte die verantwortliche Dame unbedingt verehren. Doch die Bibliothekarin war mit anderen Dingen beschäftigt. Und Kinder mochte sie ohnehin nicht.

Francie zitterte erwartungsvoll, als die Frau unter den Tisch langte. Sie sah den Titel, als das Buch erschien: *Wenn ich der König wär'!* von McCarthy. Wunderbar! Letzte Woche war es *Beverly of Graustark* gewesen und dasselbe auch zwei Wochen davor. Sie hatte das McCarthy-Buch erst zweimal gehabt. Die Bibliothekarin empfahl stets dieselben beiden Bücher. Vielleicht waren es ja die einzigen, die sie selbst gelesen hatte, vielleicht standen sie auf einer Empfehlungsliste, vielleicht hatte sie auch gemerkt, dass sie bei elfjährigen Mädchen ein todsicherer Tipp waren.

Francie drückte die Bücher fest an sich, als sie nach Hause lief; sie widerstand der Versuchung, sich auf die erste Haustreppe zu setzen, an der sie vorbeikam, und mit dem Lesen anzufangen.

Endlich zu Hause, war nun die Zeit, auf die sie sich die ganze Woche schon gefreut hatte: Feuerleiterzeit. Sie legte einen kleinen Teppich auf den Treppenabsatz, holte das Kissen von ihrem Bett und lehnte es an die Stäbe. Zum Glück war Eis im Eisschrank. Sie hackte ein Stückchen davon ab und tat es in ein Glas Wasser. Die am Vormittag gekauften rosa-weißen Pfefferminzwaffeln wurden in einer kleinen Schale arrangiert, die zwar einen Sprung hatte, aber schön blau war. Glas, Schale und Buch reihte sie auf dem Fenstersims auf, dann stieg sie auf die Feuerleiter. Dort draußen lebte sie in einem Baum. Von oben, von unten oder von gegenüber konnte niemand sie sehen. Sie dagegen konnte durch das Laub hinausschauen und sah alles.

Es war ein sonniger Nachmittag. Ein träger warmer Wind brachte warmen Meergeruch mit. Das Laub des Baums zeichnete flüchtige Muster auf den weißen Kissenbezug. Niemand war im Hof, und das war schön. Für gewöhnlich war er von dem Jungen in Beschlag genommen, dessen Vater den Laden im Erdgeschoss gemietet hatte. Der Junge spielte ein nicht enden wollendes Friedhofsspiel. Er hob winzige Gräber aus, steckte lebende Raupen in Streichholzschachteln, begrub sie mit formloser Zeremonie und stellte kleine Kieselgrabsteine auf die winzigen Erdhügel. Das ganze Spiel wurde von falschen Schluchzern und tiefen Seufzern begleitet. Heute aber war der trübsinnige Junge zu Besuch bei einer Tante in Bensonhurst. Das Wissen, dass er weg war, war fast so gut wie ein Geburtstagsgeschenk.

Francie sog die warme Luft ein, betrachtete die tanzenden Laubschatten, aß die Waffeln und trank beim Lesen kleine Schlucke des gekühlten Wassers.

> *Wenn ich der König wär',*
> *Ach, wenn ich der König wär' …*

Die Geschichte von François Villons Abenteuern wurde mit jedem Lesen noch wundervoller. Manchmal hatte sie Angst, das Buch könnte in der Bücherei verloren gehen und sie könnte es dann nie mehr lesen. Einmal hatte sie angefangen, das Buch in ein Notizbuch für zwei Cent abzuschreiben. Sie hätte so gern ein Buch besessen, und sie hatte gedacht, mit dem Abschreiben könne es gehen. Doch die beschrifteten Seiten wirkten und rochen nicht wie das Büchereibuch, weshalb sie es aufgegeben und sich mit dem Schwur getröstet hatte, dass sie, wenn sie groß wäre, hart arbeiten, Geld sparen und dann wirklich jedes Buch, das ihr gefiele, kaufen würde.

Während sie las, im Frieden mit der Welt und glücklich, wie es nur ein kleines Mädchen ganz allein im Haus mit einem schönen Buch und einer kleinen Schale Süßigkeiten sein kann, wanderten die Laubschatten, und der Nachmittag verging. Gegen vier Uhr erwachten die Wohnungen in den Mietshäusern auf der anderen Seite von Francies Hof zum Leben. Sie schaute durch das Laub hindurch in die offenen, vorhanglosen Fenster und sah, wie Humpen eilends hinausgetragen und voll mit kühlem überschäumenden

Bier zurückgebracht wurden. Kinder rannten durch die Wohnungstüren hinaus, zum Fleischer, zum Lebensmittelladen und zum Bäcker und wieder hinein. Frauen kamen mit dicken Packen vom Pfandhaus. Der Sonntagsanzug des Mannes war wieder da. Am Montag wanderte er dann für eine weitere Woche ins Pfandhaus. Das florierte von den wöchentlichen Zinsen, und der Anzug profitierte davon, dass er gebürstet und in Kampfer aufgehängt wurde, wo die Motten nicht drankamen. Montag rein, Samstag raus. Zehn Cent Zinsen an Onkel Timmy. Das war der Kreislauf.

Francie sah, wie junge Frauen sich fertig machten, um mit ihrem Burschen auszugehen. Da die Wohnungen ohne Bad waren, standen die jungen Frauen in Kamisol und Unterrock an der Küchenspüle, und die Kurve, die der über den Kopf gereckte Arm bildete, wenn sie sich wuschen, war sehr schön. So viele Frauen wuschen sich in ebenso vielen Fenstern auf dieselbe Weise, dass es wie ein verschwiegenes und erwartungsvolles Ritual schien.

Sie unterbrach ihre Lektüre, als Frabers Fuhrwerk in den Nachbarhof kam, denn das schöne Pferd zu beobachten war fast so gut wie Lesen.

CLAIRE BEYER
Cliffhanger

Wir wohnten damals am Hohlgraben, einer kleinen Straße mit gerade mal fünf Häusern, die alle hangabwärts standen. Auf der anderen Seite des Sträßchens wuchsen große Laubbäume und hinter ihnen schlängelte sich der verfallene Burggraben einer längst geschleiften Festung, die unserer Stadt ihren Namen gegeben hatte. Dicht gedrängt lagen die fünf Häuser identisch und akkurat nebeneinander. Für eine Abgrenzung zwischen den Grundstücken hatten ursprünglich schwere Steinplatten gesorgt, doch die waren über die Jahre ins Erdreich gesunken und wurden seitdem vehement von struppigen Rasenbüscheln am Wiederauftauchen gehindert.

Selbst die Eingangstüren der Gebäude waren in Farbe und Form einheitlich und doch gab es zwischen ihnen einen kleinen, aber entscheidenden Unterschied. Die letzte Tür der Reihe zierte ein Trockenblumenkranz und darunter stand auf einem Messingschild in schön geschwungener Schrift: Fräulein Isolde Müllerschön.

Fräulein Müllerschön war eine pensionierte Lehrerin, die aufgrund ihres hohen Alters Hilfe im Alltag benötigte, was ohne viel Aufhebens von den anderen Bewohnern der kleinen Häuserreihe übernommen wurde. Und da kamen auch wir Kinder ins Spiel. Wir sollten für sie Einkäufe erledigen, den Mülleimer an die Straße stellen oder im Winter den Schnee vom Gehweg fegen. Diese Aufgaben waren überschaubar und wurden ohne großes Murren erledigt, auch wenn uns die Eltern strikt verboten hatten, von der alten Dame Geld für unsere Dienste anzunehmen. Und so waren wir mehr als zufrieden, wenn uns Fräulein Müllerschön ab und an ein Stück Schokolade zukommen ließ.

Immer aber schenkte sie uns Süßigkeiten, wenn wir in ihrem Auftrag den monatlichen Gang zur Stadtbücherei hinter uns gebracht hatten. Dorthin gingen wir deshalb stets in ganzer Mannschaftsstärke. Schließlich waren wir, auf vier Häuser verteilt, genau elf Kinder. Eigentlich nur zehneinhalb, denn der kleine Georg mit seinen fünf Jahren zählte für uns Größere, die wir alle so um die zehn Jahre alt waren, nicht wirklich.

Die Büchertasche war schwer. Fräulein Müllerschön hatte eine Vorliebe für dicke Wälzer. Wir teilten die Bücher unter uns auf, nur Georg trottete mit leeren Händen hinter uns her. Er wollte nicht allein zurückbleiben, obwohl die Wegstrecke einiges von ihm abverlangte. Wer auf die Idee gekommen war, weiß ich nicht mehr, aber irgendwann lasen wir uns gegenseitig die Titel der entliehenen Bücher vor. Dieser Einfall sollte sich bald als Beginn großer Abenteuer herausstellen, denn unsere Fantasie wurde durch die geheimnisvollen Namensgebungen über alle Maßen in Bewegung gesetzt. In besonderer Erinnerung blieb mir *Der stille Don*. Schlau, wie wir waren – ein wenig halfen auch das Titelbild und der Klappentext mit –, assoziierten wir im Don einen Fluss, einen, für den unser Dorfbach problemlos herhalten konnte. Kaum dass wir dieses und andere Bücher bei Fräulein Müllerschön abgeliefert hatten, rannten wir zum Bach, teilten uns in die *Roten* und die *Weißen* auf, bestimmten nach einigen heftigen Streitigkeiten, wer *Grigori,* wer *Aksinja* spielen durfte, einigten uns, zumal sich alle anderen als stolze Domkosaken diesseits und jenseits des kleinen Gewässers üble Wasserschlachten liefern konnten. Später stand wochenlang *Der Glöckner von Notre-Dame* auf unserem Plan, bis Georg nicht mehr wollte, weil er sich auf dem morschen Glockenturm unserer Kirche zu Tode fürchtete.

Die kalte Jahreszeit schließlich beendete unseren Spielplan, denn wir fanden für *Lawrence von Arabien* keinen geeigneten Schauplatz mehr vor. Auch taugte unser Schäferhund Lux nicht wirklich zum Kamel; er wehrte sich und warf uns regelmäßig ab. Aber klug, wie wir eben waren, fiel uns ein Platz ein, der nicht nur warm genug sein würde, sondern auch Schokolade und Unterhaltung versprach. Wir schickten Georg vor. Seine Nase lief vor Kälte, die Hände waren blauverfroren, kurz, der Kleine brauchte eine warme Stube. Ob Fräulein Isolde Müllerschön unseren Plan durchschaute, ist mir bis heute nicht klar, aber sie öffnete ihre geschmückte Eingangstür weit und ließ ihn hinein, wohlwissend, dass es Georg nur mit uns allen zusammen gab. Sie kochte Kakao, gab dem Kleinen ein Taschentuch, wärmte ihm die Hände und verfrachtete ihn und uns in ihr Wohnzimmer, wo der schwarze Kaminofen bollerte und vor Wärme glühte.

Damit begann etwas Neues, Großes, das war uns in dem Moment klar, als Fräulein Müllerschön eine Pelzdecke auf dem Boden ausbreitete, uns wie den Kindern in ihren früheren Schulklassen Plätze zuwies und zum Stillsitzen und Schweigen aufforderte. Sie drehte sich um und nahm nach kurzem Suchen ein Buch aus ihrem Regal: *Huckleberry Finn*.

Es gebe Regeln, sagte sie, die wir einzuhalten hätten. Sie lese eine Stunde vor, dann sei Schluss. Und sie wolle danach kein Murren und keine Bettelei, egal, wie spannend sich der Abschnitt zeige. Natürlich nickten wir, blieben die ganze Zeit auf unseren Plätzen sitzen und hatten am Ende der Stunde mit Sicherheit hochrote Wangen. Vor Wärme oder vor Spannung, das war nicht auseinanderzuhalten. Der Don, unser Dorfbach, wurde postwendend in Mississippi umgetauft und wir flehten den Frühling herbei, um dann als Huckleberry mit geschnitzten Büchsen und langen Angelruten auf die Jagd gehen zu können. Doch der Winter hielt an. Wir aber hatten unsere Lesestunde, was uns wunderbar mit der garstigen Jahreszeit versöhnte. Nur einer machte regelmäßig schlapp: Georg. Er schlief oft schon nach einer Viertelstunde ein und lag die restliche Zeit träumend der greisen Lehrerin zu Füßen. Die Geschichten schien er nicht zu verstehen, war aber immer dabei, wenn wir Fräulein Müllerschön besuchen durften. Wie sie es schaffte, die gelesenen Passagen so zu steuern, dass jeweils an der spannendsten Stelle Schluss war, ist mir bis heute ein Rätsel. Aber der langjährigen Pädagogin gelang das problemlos. Gegen unsere Abmachung bettelten wir: *Noch eine Seite, noch einen Satz, noch ein Wort…* Aber es gab kein Erbarmen. Fräulein Müllerschön hatte ihren großen Wecker aus dem Schlafzimmer geholt und der schellte pünktlich nach einer Stunde, so unerbittlich, wie sie auch das Vorlesen beendete.

Uns blieben nur zwei Winter mit ihr vergönnt. Fräulein Müllerschön verstarb nach dem Ende von *Dickens* und seinem *Ebenezer Scrooge*. Sie hatte vermutlich alle Energie aufbringen müssen, um uns noch das Finale zu vergönnen. Wir konnten nicht mehr, wie es üblich gewesen war, mit ihr über diese Geschichte sprechen; sie war zu müde dafür geworden.

Weil ein Teil der Clique auf weiterführende Schulen gewechselt war, die Mädchen zudem mehr und mehr unter sich bleiben wollten, fiel unser Team der Zeit zum Opfer. Die Verbindungen rissen ab und wir wurden wie Blätter im Herbst in alle Richtungen geweht.

Umso verwunderter war ich, als mir fünfundzwanzig Jahre später per Post ein Briefumschlag von Georg zugestellt wurde. Die Adresse des Absenders wies auf das ehemalige Haus von Fräulein Isolde Müllerschön hin. Auf der Karte, die im Kuvert lag, stand *Einladung,* das Datum, weit im Winter gelegen. Es handelte sich, wie ich später erfuhr, um den 25. Todestag unserer Vorleserin. Vermutlich ging es mir wie den anderen Freunden aus Kindertagen, ich hatte weder wirklich Lust noch Zeit für diese Einladung, entschied mich aber dann doch, den Weg auf mich zu nehmen.

Unsere kleine Stadt, in der ich lange nicht gewesen war, hatte sich verändert, war heller, die Häuser am Stadtrand größer geworden. Der Don/Mississippi war in einem unterirdischen Kanal verschwunden und die Kirche hatte einen neuen Turm erhalten. Auch am Hohlgraben war nichts mehr wie zuvor. Die fünf Häuser hatten Nachbarn bekommen, so viele, dass ich das Zählen aufgab. Und doch fand ich Fräulein Isolde Müllerschöns einstiges Zuhause fast auf Anhieb, denn ein bunter Trockenblumenkranz zierte die Eingangstür und stach wie früher aus den anderen Portalen heraus. Ein hochaufgeschossener junger Mann mit Bart öffnete auf mein Klingeln. Ich stutzte einen Moment. *Georg?* Aber er hatte mich schon in den Arm genommen. Drinnen war alles wie immer. Fast alles. Ein großes Bild unserer ehemaligen Gastgeberin hing im Wohnzimmer, in das mich Georg führte, wobei er mir erklärte, dass er die Gelegenheit genutzt hatte, das Haus käuflich zu erwerben. Ich war seltsam aufgekratzt, wollte ihm Fragen stellen, aber er winkte ab, ich solle warten, bis die anderen da wären. Es kamen tatsächlich alle. Unser einstiges

Team aus Zehneinhalb (längst erwachsenen Personen) war vollständig. Georg hatte eine Pelzdecke auf dem Boden ausgebreitet, im Kamin bollerten die Holzscheite, und auch wenn es eng wurde, saßen wir bald allesamt auf dem Boden. Unser Gastgeber erklärte, dass er im Müllerschön'schen Ohrensessel Platz nehmen würde. Dort lag unter einem Kissen versteckt bereits das Buch, aus dem er vorlesen wollte.

Ich hielt nach dem Titel Ausschau, aber es gelang mir nicht ihn zu erspähen, zu geschickt hatte Georg das Buch verborgen. Eine Ungeduldige versuchte gar, es hervorzuziehen. Doch auch sie bekam keine Chance. Lachend legte Georg ein Tuch darüber, klemmte sich das Objekt der Begierde unter den Arm und lief damit in die Küche. Kakao wurde verteilt und jede und jeder sollte vor der Lesung in wenigen Worten seinen bisherigen Lebensweg schildern, was auch geschah. Dann sollten wir uns dazu äußern, welches der von Isolde Müllerschön gelesenen Werke uns das liebste gewesen sei. Nach anfänglichem Zögern und Zaudern sprachen wir alle durcheinander, die eigenartige Scheu, die den

Beginn unseres Treffens bestimmt hatte, verlor sich zunehmend. Wie zu erwarten, kam es zu keinem gemeinsamen Favoriten. Aber eines wurde unverbrüchlich klar: bei ausnahmslos allen hatte die Stunde auf der Pelzdecke eine immerwährende Liebe zu Büchern geweckt. Das habe Fräulein Müllerschön durch ihre geschickt gewählten *Cliffhanger* geschafft, sagte einer unserer früheren Wortführer, der ein bekannter Fernsehmacher geworden war. Und er müsse es ja wissen, denn die Spannung in seinen Serien rühre schließlich auch daher. Sofort sprachen alle wieder durcheinander und die Helden und Heldinnen unserer Kindheit purzelten auf der alten Pelzdecke wild durcheinander. Irgendwann schien es nötig, dass Fräulein Müllerschön zur Ruhe mahnte. Als hätte sie das Signal dafür gegeben, betrachteten alle ihr Bild, worauf Georg den Moment nutzte und einen Wecker aufzog. Wie auf ein stummes Kommando nahm jeder seinen ursprünglichen Platz ein und schenkte nun dem Gastgeber die Aufmerksamkeit.

Eine Stunde, sagte Georg, ich lese genau eine Stunde. Er zog das Tuch herunter, hob das Buch in die Höhe, so dass wir alle den Titel lesen konnten: »*Die Kinder vom Hohlgraben. Roman von Georg Weiser*«, und begann zu lesen: »Wir wohnten damals am Hohlgraben, einer kleinen Straße mit gerade mal fünf Häusern…«

Das erste Mal war ich 1965 zusammen mit meinem Vater in Paris. In den Jahren zuvor bin ich mit ihm bereits mehrmals in eine bestimmte Region oder Stadt gereist. Wir sind zu zweit die Mosel von Koblenz bis Trier entlanggewandert, und wir haben Berlin besucht, wo meine Eltern von 1939-1945 gelebt hatten. Während unserer Reisen machte ich mir alle paar Stunden kurze Notizen, und wenn wir wieder zu Hause waren, arbeitete ich diese Notizen zu einem ausführlichen Reisetagebuch um, das ich meinem Vater dann schenkte. In den Jahren seit meinem achten Lebensjahr hat er mir in täglichem, unermüdlichem Unterricht das Schreiben beigebracht. Dieser Unterricht war keine Spielerei, sondern notwendig und sogar lebenswichtig – warum, das verschweige ich jetzt, denn ich übe mich ja nicht in Konversation der dritten, persönlichen Kategorie, sondern vorläufig nur in der zweiten. Jedenfalls hatte ich damals, 1965, im Schreiben schon eine jahrelange Erfahrung und glaubte zu wissen, wie ich bei meinen Notizen und Aufzeichnungen zu verfahren hatte.

In Paris kam jedoch alles anders. Denn wenige Wochen vor unserer Reise hatte mir mein Vater das Buch eines amerikanischen Schriftstellers über seine frühen Pariser Jahre geschenkt, dessen Lektüre ich mir für den Parisaufenthalt und damit für eine Lektüre vor Ort aufheben sollte. Es war das Buch *Paris – ein Fest fürs Leben* von Ernest Hemingway.

Vater und Sohn wohnten in einer kleinen Pension im Quartier Latin, gar nicht weit entfernt von der ersten Pariser Wohnung Hemingways in den zwanziger Jahren. Zu Beginn unseres Aufenthalts frühstückten wir beide frühmorgens auf einem Platz in der Nähe unserer Pension, und als ich nach dem Frühstück wirklich mit der Lektüre von Hemingways Pariser Erzählungen loslegte, stellte ich fest, dass wir genau auf demselben Platz frühstückten, wo die erste Erzählung des Buches begann.

Ich hatte noch nie ein Buch gelesen, bei dessen Lektüre ich geradezu elektrisiert wahrnahm, dass ich mich in genau jenen Räumen aufhielt, die gerade im Buch vorkamen. Ich las nicht wie bisher eine Erzählung, die in weiter räumlicher oder zeitlicher Ferne spielte, sondern ich konnte das Gelesene Wort für Wort auf meine unmittelbare Umgebung beziehen. Daher blieb ich stur und wie benebelt auf dem ovalen Platz sitzen und las immer weiter, während mein Vater sich verabschiedete und seine eigenen Pariser Gefilde aufsuchte.

Es war ein seltsamer Aufenthalt, denn zum ersten Mal waren wir auf einer gemeinsamen Reise nicht ununterbrochen zusammen, sondern erlebten Paris während der folgenden Tage getrennt. Mein Vater war vom Métrofahren begeistert und ihm geradezu verfallen, und so fuhr er tagelang durch fast alle Quartiers der Stadt bis zu den Endbahnhöfen. Ich aber las eine Hemingway-Erzählung nach der anderen und suchte genau die Wege, Straßen und Orte auf, wo diese Erzählungen spielten. Mein Vater machte also die Métro-Tour, ich dagegen machte die Hemingway-Tour.

An den Abenden trafen wir uns wieder und erzählten uns die Neuigkeiten vom Tage. Wie bereits auf den früheren Reisen hatte ich Notizen und Aufzeichnungen gemacht. Diesmal jedoch hatten sie schon nach kurzer Zeit einen Ton angenommen, der von Hemingways Prosastil stark beeinflusst war. Ich drückte mich nicht so unbekümmert wie vorher aus, sondern ahmte, ohne es eigentlich zu wollen, den trockenen, kernigen Ton Hemingways nach. Als mein Vater das bemerkte, wurde er skeptisch. War es gut und richtig, dass ich weiter Hemingway las und wie sein verzauberter Schüler ausschließlich durch das Hemingway-Paris lief? Oder sollte ich das Buch eine Weile zur Seite legen, um, wie mein Vater sagte, »schnell wieder normal zu werden«?

1965 bin ich zunächst nicht wieder normal geworden, und nach meiner Rückkehr habe ich auch viele andere Bücher von Hemingway gelesen und kam eine Weile von seinem Prosastil nicht mehr los. Hemingway war also nach meinem Vater mein zweiter, großer Lehrer, und viel später erkannte ich, dass es zwischen meinem Vater und dem Schriftsteller Ernest Hemingway

(es klingt unglaubhaft, ist aber wahr) sogar sehr
viele Gemeinsamkeiten gab.

AMIR HASSAN CHEHELTAN

Meine Entdeckung der Freude an der Literatur

Wir wohnten in einem relativ ruhigen Teil der Stadt. An den brütend heißen Nachmittagen während der Sommerferien, wenn alles, was man beim Blick aus dem Fenster sah, in der Hitze flirrte, wurde die Stille so tief, dass sie einem regelrecht Angst einjagte. In der heißen Jahreszeit hatten meine Eltern es sich zur Gewohnheit gemacht, nach dem Mittagessen zu ruhen, während mein Bruder in den Schwimmverein ging und ich Spaß daran hatte, in meinem Zimmer im ersten Stock am Fenster zu sitzen und nach draußen zu schauen. Dass hinter den geschlossenen Türen und Fenstern der Häuser in meinem Blickfeld menschliches Leben war, schien mir unmöglich. So fühlte ich mich auf der einen Seite noch einsamer, als ich es ohnehin schon war. Andererseits regten Hitze und Stille meine Fantasie an, und ich ließ mich in meiner Traumwelt treiben und von dem, was ich sah, zu Geschichten inspirieren.

Immer hatte ich Dinge vor Augen, von denen sich schwer sagen ließ, ob sie real oder Fantasiegebilde waren. Sicher war, dass in meiner Welt alles nach meinen Wünschen verlief und dass ich mein kleines Reich ungestört genießen konnte.

Mittags saß der Lebensmittelhändler unserer Gegend meist im Schatten der Markise vor seinem kleinen Laden auf einem Hocker, hielt Mittagsschlaf, verscheuchte, ohne dabei die Augen zu öffnen, die Fliegen vor seinem Gesicht, ließ seine Nasenflügel beben und fuhr sich dann und wann über die Stirn. Unweit stand ein hechelnder Hund im Schatten, wedelte mit dem Schwanz und starrte aufmerksam die Straße entlang. Vereinzelt regte sich dürres Laub im heißen Wind, und in der Ferne schrie ein Esel, müde, vielleicht beladen mit Stangeneis oder Wassermelonen. Mehr war nicht. Ich hielt dennoch weiter Ausschau, unbeirrt, neugierig, der Stille und der Wahrscheinlichkeit, dass sich in der brütenden Hitze nichts Großes tun würde, zum Trotz.

Mit zweiundzwanzig, im letzten Sommer vor meinem Studienabschluss, spürte ich an einem dieser sich ewig hinziehenden und unausweichlich heißen Nachmittage, wie mir der Schweiß über die Ohrläppchen rann, stand auf und schleppte mich, fast krank vor Hitze, ins Bücherzimmer meines Vaters, wobei nicht ich ging, sondern meine Beine mich trugen. Das Zimmer war nicht mein Ziel, aber mein Weg dorthin schien vorgezeichnet, ein Schicksalsweg. Ich streckte die Hand aus, nahm ein Buch aus einem Regal, schlug es auf, ohne den Titel gelesen zu haben, und hatte folgende Zeilen vor Augen:

»Der heftiger als die anderen für sie Entflammte fragt die Frau: ›O Königin, gestattest du, dass ich sterbe?‹

›Ja‹, erwidert die Frau, ›wenn du liebst, stirb.‹

Der Mann legt sich nieder und haucht auf der Stelle sein Leben aus.«

Und plötzlich war frischer Wind im Zimmer. Dieses Buch, dessen Inhalt ich zwar kannte, bisher aber nicht verstanden hatte, eröffnete mir plötzlich eine ganze Welt. Schnell nahm ich ein zweites Buch zur Hand, schlug auch das auf. Es handelte von einem Mystiker und Asketen, der nach langen Tagen der Wanderschaft eines

Abends schlafen ging und von einem Mann träumte, der, einem Heiligen gleich, von gleißendem Licht umgeben, ihm ein Stück Brot reichte, in das der Asket genüsslich hineinbiss. Doch er schrak hoch aus dem Schlaf und hatte das Stück Brot nicht einmal zur Hälfte gegessen. Als er bedauern wollte, was ihm entgangen war, stellte er fest, dass er die andere Hälfte des Leckerbissens in Händen hielt. Kann Fantasie noch stärkere Wirkung entfalten?

Nach dieser Offenbarung nahm ich so viele Bücher, wie ich tragen konnte, mit in mein Zimmer, schaute schon auf das nächste, noch bevor ich das vorherige ausgelesen hatte, und las bis weit nach Mitternacht. Mein Vater hat das später lachend meinen Sturm auf seine Bibliothek genannt. Er hatte recht, an jenem Nachmittag hatte ich seine Bibliothek gestürmt. Ein Dürstender, nicht ahnend, dass er von Flüssen umgeben war.

Im Kontrast zum schlichten, eher trostlosen Anblick unserer Nachbarschaft zeigten die Bücher mir an jenem Nachmittag eine bunte, lebhafte, spannende Stadt, die sich sinngemäß so beschreiben lässt, wie Wittgenstein die Sprache sah: ein verschlungenes Gebilde voller Windungen und Wendungen, in Gestalt von Passagen und Plätzen, Läden und Moscheen, Basaren und Karawansereien, alten und neuen Häusern aus unterschiedlichen Jahrhunderten, in denen Menschen lebten, alte und junge, verliebte und Einzelgänger, Herrscher und Untertanen, Vernünftige und Verrückte.

Fast schlafwandlerisch betrat ich an diesem stillen, denkwürdigen Nachmittag die mir fremde und doch irgendwie vertraute Stadt und erlebte, wie sie eine Sehnsucht, ein Verlangen in mir wachrief, nach dem ich mich auch später in den weitläufigen Gefilden meines Lebens immer wieder auf die Suche begab, um ihm bis in jeden Winkel nachzuspüren. Mein Vater sagte dazu später: »Siehst du, mein Sohn, diese Sprache und ihre Früchte sind das Einzige, was uns nach unserer langen, blutigen Geschichte geblieben ist.«

Für mich ist diese Erkenntnis ohne Belang. Für mich zählt, dass die Literatur mir eine besondere innere Befriedigung verschafft. Eine Erfahrung, die ich bis heute nicht vollständig ergründet habe. Gut verständlich, dass ich an den Nachmittagen in jenem Sommer keine Lust hatte, mich von dieser Literatur loszureißen. Ich blieb aus Liebe, nicht aus Wissbegier, erfreute mich an ihrer Schönheit. Diese Schönheit und der Genuss, den sie mir verschaffte, waren mir genug. Laut Kant erwächst Schönheit aus der Loslösung vom Effizienz- und Rentabilitätsdenken. Flaubert hatte recht, als er sagte, eine Möglichkeit, das Leben erträglich zu machen, bestehe darin, sich in Bücher zu stürzen wie in ein endloses Fest.

Im abgedunkelten Zimmer meines Vaters war mir an all den heißen Sommernachmittagen auf dieser behaglich schönen Insel, umringt von Büchern, in denen Helden und Abenteuer mich erwarteten, erfrischend kühl. Schon als Kind waren mir dunkle, kühle Orte angenehmer als helle.

Sobald ich nachmittags diesen Raum betrat, nahm ich ein beliebiges Buch aus dem Regal und schlug es auf. Ich traf keine Wahl, griff einfach irgendein Buch heraus, weil ich wusste, jedes Werk würde mich in eine mir völlig neue Welt versetzen.

Das erste Buch, das ich von der ersten bis zur letzten Seite verschlungen habe, war das *Buch des Quabus, Quabus-Nameh*. Welch ein Schreck: Ich entdeckte unverhohlene Offenheit und unverblümte Obszönität – von der ich bisher angenommen hatte, sie fände sich ausschließlich in der Sprache sehr einfacher Menschen – in einem hinreißenden Werk!

Vierundvierzig Kapitel, verfasst vom Herrscher Kaikavus im elften Jahrhundert christlicher Zeitrechnung zur Erziehung seines Sohnes Gilanshah, den es in die Rätsel und Geheimnisse des Lebens einzuweihen galt. Ein Prinz an der Schwelle zur Pubertät. Natürlich liegt eine fast nebenbei gelernte Lebenslektion schon darin, dass, was eines Königssohns würdig ist, für das einfache Volk nicht rundweg schlecht sein kann. In diesem Werk wird wortgewandt folgende Geschichte erzählt: Ein Mann hat mit seinem Diener geschlafen und sagt nun zu ihm:

»Dreh deinen Arsch weg.«

Der Diener antwortet: »Das kann man auch höflicher sagen.«

»Wie denn?«, fragt der Mann.

»Sag: ›Wende dein Antlitz ab‹«, erwidert der Diener.

An anderer Stelle geht es um die Aufklärung des Prinzen in Sachen sexuelles Verlangen: »Zwischen Männern und Frauen beschränke dein Begehren nicht auf ein Geschlecht, vergnüge dich mit beiden. Jedoch begehre Männer sommers und Weiber winters.«

Wenn diese Literatur – so, wie ich es andere später oft habe sagen hören, wobei ich mich deren Überzeugung anschloss – Wesen und Widerspiegelung einer großartigen Kultur ist, wie passen dann solche Themen hinein und wie lassen die sich mit den offiziell herrschenden Moralvorstellungen vereinbaren?

Als ich in die Pubertät kam und mein Vater erkannte, dass es mir tatsächlich ernst war mit der Literatur, wollte er sie mir näherbringen, aber auch teilweise vorenthalten. Ihm war damals nicht klar, dass gerade das Verborgene mich besonders interessierte, der Reiz des normalerweise Ungesagten. Diese Werke sind ein unerschöpflicher Quell zu ergründender Lebensgeheimnisse.

Nach dem *Quabus-Nameh* las ich die gesammelten Geschichten von Mohammad Oufi aus dem dreizehnten Jahrhundert christlicher Zeitrechnung. Eine dieser Geschichten handelt von einem muslimischen Kalifen, der sich in der Moschee selbst seines Gerechtigkeitssinns und seiner Barmherzigkeit rühmt. Ein Mann unter den Betenden verspottet den Kalifen, indem er furzt. Den Wächtern am Tor zum Gotteshaus entgeht das nicht, sie ergreifen den Mann, als er nach der Predigt die Moschee verlässt, und führen ihn dem Kalifen vor. Der ruft dem Mann in Erinnerung: »Ich bin der Neffe des Propheten Gottes und heute Gottes Stellvertreter. Warum hast du mich während meiner Predigt erniedrigt?«

Der Mann gibt zur Antwort: »Deine Tugendhaftigkeit in allen Ehren. Als du uns Rat gabst, hab ich ihn aus tiefster Überzeugung angenommen. Als du aber von deinem reinen Wesen und deinem gerechten Umgang mit anderen sprachst, hab ich gefurzt, weil es sehr unanständig ist, Menschen anzulügen, die die Wahrheit sagen.«

»Warum nennst du mich einen Lügner?«, will der Kalif wissen.

»Ich hab im Irak einen Garten direkt neben deinem«, erklärt der Mann. »Dein Vertreter hat ihn einfach an sich gerissen. Sooft ich dich auch um Hilfe angerufen habe, es war stets vergebens. Und als du der Gemeinde heute gesagt hast, wie gerecht du bist, hielt ich mein Tun für angebracht.«

Daraufhin der Kalif: »Ich bin der Stellvertreter des Herrn, ich befinde über die Angelegenheiten der gottesfürchtigen Muslime auf Erden. Was auch immer ich jemandem gebe oder nehme, es hat seine Richtigkeit.«

»O Herr aller Gottesfürchtigen«, gibt der Mann zurück. »Wenn ich während deiner Predigt einen Furz für angebracht hielt, so verdienen deine jetzigen Worte zwei.«

Das nächste Werk, das ich verschlang, war die bereits erwähnte Fabelsammlung *Kalileh und Damneh.*

In einer Geschichte über Frauen, die ihre Männer hintergehen, lesen wir, dass ein Schuster eines Abends aus dem Haus geht, um einen Besuch zu machen. Seine Frau hat ein Techtelmechtel mit einem anderen Mann, die Frau des Barbiers

vermittelt zwischen den beiden. Die Schustersfrau teilt ihr mit, dass ihr Mann aus dem Haus
gegangen und die Luft rein ist, und bittet sie, den
Geliebten rasch zu ihr zu schicken. Wie es der
Zufall will, kommt der Schuster früher als vor-
gesehen heim und sieht in der Nähe seines Hauses einen Mann warten. Da der Schuster seine
Frau schon seit Längerem verdächtigt, bindet er
sie nun an einen Pfahl im Haus, schlägt sie und
geht anschließend zu Bett.

Die Frau des Barbiers macht sich eine Stunde
später auf den Weg zum Haus des Schusters und
sieht den Geliebten der Schustersfrau noch immer draußen warten. Durchs Fenster fragt sie
sie: »Weshalb lässt du den Mann so lange warten? Halt dich ran, wenn du dich mit ihm treffen
willst.«

Die Schustersfrau bittet: »Komm rein, mach
mich los und such jemanden, der an meiner
Stelle hier am Pfahl stehen will, damit ich meinen Freund treffen und rasch wieder heimkom-
men kann.«

Die Frau des Barbiers bindet die Schustersfrau
los und lässt sich an ihrer statt an den Pfahl

binden. Doch als die Schustersfrau das Haus verlässt, wacht der Schuster auf und ruft nach ihr. Um sich nicht zu verraten, bleibt des Barbiers Frau stumm. Mehrmals noch ruft der Schuster nach seiner Frau, wird wütend, weil er keine Antwort bekommt, tritt, ein Messer in der Hand, an den Pfahl und schneidet der dort Festgebundenen im Dunkeln die Nase ab. Die drückt er der Frau in die Hand und sagt: »Schick die deinem Geliebten.«

Dann legt er sich wieder schlafen. Kurz darauf kehrt seine Frau heim und findet des Barbiers Frau mit abgeschnittener Nase, noch immer an den Pfahl gefesselt. Beschämt, bekümmert bindet sie sie los und nimmt ihren Platz an der Säule wieder ein. Die Barbiersfrau macht sich, mit ihrer Nase in der Hand, auf den Heimweg.

Eine gute Stunde später reckt die Schustersfrau an ihrem Pfahl die Hände zum Gebet gen Himmel, betet laut: »O Herr, du weißt, wie grausam mein Mann zu mir war und dass er mich diffamiert hat. Gib mir in deiner Gnade meine Nase zurück!«

Der Schuster wird wach, hört seine Frau beten

und fragt: »Was redest du da, du nutzloses Ding?«

Seine Frau aber sagt: »Steh auf und schau, was der Herr in seiner grenzenlosen Güte vollbracht hat, als er die Erniedrigung sah und die Gewalt, die du mir angetan hast. Gott hat gesehen, dass ich rein bin, und hat mir meine Nase zurückgegeben. Er hat mich nicht ehrlos dastehen lassen vor der Welt.«

Der Mann steht auf, macht Licht und sieht die Nase seiner Frau wahrhaftig intakt und an ihrem Platz. In größtem Erstaunen über dieses Wunder bittet er seine Frau um Verzeihung für das grobe Unrecht, das er ihr angetan hat. Seine Frau bittet ihn, sie loszubinden, und nimmt ihm das Versprechen ab, sie, die Gottesfürchtige, fortan nicht mehr zu quälen und ohne ihr Einverständnis nichts mehr zu unternehmen.

Unterdessen sinnt des Barbiers Frau, mit abgeschnittener Nase heimgekehrt, darüber nach, wie sie ihrem Mann, Freunden, Nachbarn ihr Missgeschick erklären soll. Der Barbier schrickt aus dem Schlaf hoch, herrscht seine Frau an, ihm schleunigst sein Werkzeug bereitzulegen, da er aus dem Haus müsse, einem hohen Herrn den Bart abzunehmen. Die Frau lässt sich Zeit, reicht dem Gatten schließlich nur das Rasiermesser, das der wütend in eine Ecke schleudert. Sofort wirft auch die Frau sich zu Boden und ruft schmerzerfüllt: »Au! Meine Nase!« Tags darauf führt die Familie der Frau den Barbier vor einen Richter, der sein Urteil über ihn spricht.

Diese Literatur liefert zahllose Textbeispiele, die kaum pornografischer sein könnten. Unverblümter, als es dort geschieht, kann man die Dinge, die unterhalb der Gürtellinie liegen, nicht in Worte fassen. Abid Zakani ist ein seltenes, vielleicht sogar einmaliges Beispiel dafür, wie ungezwungen sich mit dem Thema umgehen lässt. In einer seiner Geschichten lesen wir: »Ein Mann geht in den Hamam, sieht dort einen auf einem Auge blinden, sehr gut aussehenden Jungen. Der Mann schließt ein Auge und spricht den Jungen an: ›Es heißt, wenn man einem Einäugigen seinen Schwanz in den Arsch schiebt, kann er auf dem blinden Auge wieder sehen. In Gottes Namen, ich flehe dich an, komm und fick mich.‹ Der Junge schenkt den Worten des Mannes

Glauben und tut, wie ihm geheißen. Kurz darauf öffnet der Mann sein geschlossenes Auge und freut sich: ›Dem Herrn sei Dank, ich kann wieder sehen!‹

Als der Jüngling das sieht, bittet er den Mann: ›Ich habe dir zu deinem Augenlicht verholfen. Jetzt hilf du auch mir.‹

Der Mann lässt sich nicht zweimal bitten. Er macht sich mit solchem Eifer ans Werk, dass der Junge ausruft: ›Du verfluchter Hurenbruder, zieh deinen Schwanz aus meinem Arsch, sonst werd ich auf dem andern Auge auch noch blind!‹«

Ich fragte mich, warum sich in unseren mit Auszügen aus klassischen persischen Werken übervollen Schulbüchern nicht ein Hinweis auf diese Seite der Werke fand. Auf ihre witzige, farbenfrohe, abwechslungsreiche Seite. Warum man uns ausschließlich ihr strenges, düsteres, ermüdendes Gesicht zeigte und jungen Menschen meiner Generation so den Zugang zu dieser Literatur verwehrte. Wenn ich meinen Altersgenossen damals von meinen spannenden literarischen Begegnungen berichtete, starrten die mich oft entgeistert an, konnten kaum fassen, dass ich an diesen Büchern großen Gefallen fand. Früher war das vermutlich ganz anders. Meine Vorfahren wurden in der Schule mutmaßlich mit allen Facetten dieser Literatur vertraut gemacht, weshalb sie sie auf Schritt und Tritt, in jeder Lebenslage und bis ans Ende ihrer Tage begleitet hat.

Ich hatte ja schon in jungen Jahren, dank der vereinfachten Fassungen klassischer Werke für Kinder, eine Bindung zur Welt der Bücher aufgebaut. Jetzt war ich fast zweiundzwanzig, und die Literatur verschaffte mir puren Genuss, beispielloses Vergnügen. Zugleich stand eine moralische Wende bevor, der Vorhang hob sich, die Literatur verlor ihre Unschuld. Doch dieser ethische Neustart verstörte mich keineswegs, er warf mich nicht aus der Bahn. Im Gegenteil. Ich hatte ein Reich betreten, von dem mein Vater und seine Freunde jeden Fußbreit zu kennen beteuerten. Der Nebel lichtete sich und gab den ungetrübten Blick auf die Landschaft frei. Rückblickend erkannte ich: Für meinen Vater war die

Literatur der einzige Lichtblick in seinem nor-
malen, unspektakulären Alltag. Zugleich fragte ich mich, wie Menschen, die diese Literatur
nicht kennen, ihr nicht immer leichtes Leben
ertrugen. Genügte es wirklich, Fußballspiele an-
zuschauen, Kreuzworträtsel zu lösen, mit Haus-
tieren zu spielen, um Spaß zu haben und glücklich zu sein?

CORNELIA FUNKE
Ein Haus voller Bücher

… Meggie warf Mo einen besorgten Blick zu, aber der schnitt ihr nur aufmunternd eine Grimasse und klingelte.

Meggie hörte, wie die Glocke durch das große Haus schrillte. Dann passierte für eine ganze Weile nichts. Nur eine Elster flatterte schimpfend aus einem der Rhododendronbüsche, die um das Haus herum wuchsen, und ein paar fette Spatzen pickten hektisch im Kies nach unsichtbaren Insekten. Meggie warf ihnen gerade ein paar Brotkrümel zu, die sie noch in der Jackentasche hatte – von einem Picknick an einem längst vergessenen Tag –, als die Tür abrupt aufgerissen wurde.

Die Frau, die heraustrat, war älter als Mo, ein gutes Stück älter – obwohl Meggie sich nie ganz sicher war, was das Alter Erwachsener betraf. Ihr Gesicht erinnerte Meggie an das einer Bulldogge, aber vielleicht lag das mehr am Ausdruck als an dem Gesicht selber. Sie trug einen mausgrauen

Pullover über einem aschgrauen Rock, eine Perlenkette um den kurzen Hals und Filzpantoffeln an den Füßen, wie Meggie sie mal in einem Schloss hatte anziehen müssen, das Mo und sie besichtigten. Elinors Haar wurde schon grau, sie hatte es hochgesteckt, doch überall hingen Strähnen heraus, als hätte sie es hastig getan und voll Ungeduld. Elinor sah nicht so aus, als verbrächte sie allzu viel Zeit vor dem Spiegel.

»Herrgott, Mortimer! Na, wenn das keine Überraschung ist!«, sagte sie, ohne Zeit an eine Begrüßung zu verschwenden. »Wo kommst du denn her?« Ihre Stimme klang barsch, aber ihr Gesicht konnte nicht ganz verbergen, dass sie sich über Mos Anblick freute.

»Hallo, Elinor«, sagte Mo und legte Meggie die Hand auf die Schulter. »Erinnerst du dich an Meggie? Sie ist ziemlich groß geworden, wie du siehst.«

Elinor warf Meggie einen kurzen irritierten Blick zu. »Ja, das sehe ich«, sagte sie. »Aber Kinder haben es schließlich an sich, zu wachsen, nicht wahr? Und soweit ich mich erinnere, habe ich weder dich noch deine Tochter in den letzten

Jahren zu Gesicht bekommen. Was verschafft mir ausgerechnet heute die unerwartete Ehre deines Besuches? Willst du dich doch endlich meiner armen Bücher erbarmen?«

»Ganz genau.« Mo nickte. »Einer meiner Aufträge hat sich verschoben, ein Bibliotheksauftrag, du weißt ja, den Bibliotheken fehlt es immer an Geld.«

Meggie musterte ihn beunruhigt. Sie hatte nicht gewusst, dass er so überzeugend lügen konnte.

»Durch die Eile«, fuhr Mo fort, »konnte ich Meggie so schnell nirgendwo anders unterbringen, deshalb habe ich sie mitgebracht. Ich weiß, du magst keine Kinder, aber Meggie schmiert keine Marmelade in Bücher und sie reißt auch keine Seiten heraus, um tote Frösche damit einzuwickeln.«

Elinor ließ ein missbilligendes Brummen hören und musterte Meggie, als würde sie ihr jede Schandtat zutrauen, gleichgültig, was ihr Vater über sie sagte. »Als du sie das letzte Mal mitgebracht hast, konnten wir sie wenigstens in einen Laufstall sperren«, stellte sie mit kalter Stimme fest. »Das dürfte inzwischen wohl nicht mehr möglich sein.« Noch einmal betrachtete sie Meggie von Kopf bis Fuß – wie ein gefährliches Tier, das sie in ihr Haus lassen sollte.

Meggie spürte, wie ihr das Blut vor Ärger ins Gesicht schoss. Sie wollte nach Hause oder zurück in den Bus, irgendwohin, nur nicht im Haus dieser abscheulichen Frau bleiben, die ihr mit ihren kalten Kieselaugen Löcher ins Gesicht starrte.

Elinors Blick ließ von ihr ab und wanderte zu Staubfinger, der immer noch verlegen im Hintergrund stand. »Und das?« Fragend sah sie Mo an. »Kenne ich den auch schon?«

»Das ist Staubfinger, ein … Freund von mir.« Vielleicht fiel nur Meggie Mos Zögern auf. »Er will weiter nach Süden, aber vielleicht könntest du ihn eine Nacht in einem deiner zahllosen Zimmer unterbringen?«

Elinor verschränkte die Arme. »Nur unter der Bedingung, dass sein Name keinerlei Bezug dazu hat, wie er mit Büchern umgeht«, sagte sie. »Allerdings wird er sich mit einer recht notdürftigen Unterkunft unter dem Dach zufriedengeben müssen, denn meine Bibliothek ist in den letzten

Jahren sehr gewachsen und hat fast all meine Gästezimmer verschlungen.«

»Wie viele Bücher haben Sie denn?«, fragte Meggie. Sie war aufgewachsen zwischen Bücherstapeln, aber sie konnte sich beim besten Willen nicht vorstellen, dass sich hinter all den Fenstern dieses großen, großen Hauses Bücher verbargen.

Elinor musterte sie noch einmal, diesmal mit unverhohlener Verachtung. »Wie viele?«, wiederholte sie. »Glaubst du etwa, ich zähle sie wie Knöpfe oder Erbsen? Es sind viele, sehr viele. Vermutlich stehen in jedem Zimmer dieses Hauses mehr Bücher, als du jemals lesen wirst – und einige sind so wertvoll, dass ich dich ohne zu zögern erschießen würde, solltest du es wagen, sie anzufassen. Aber da du ja, wie dein Vater versichert, ein kluges Mädchen bist, wirst du das natürlich ohnehin nicht tun, oder?«

Meggie antwortete nicht. Stattdessen malte sie sich aus, wie sie sich auf die Zehenspitzen stellte und der alten Hexe dreimal auf den Kopf spuckte.

Mo aber lachte. »Du hast dich nicht verändert, Elinor«, stellte er fest. »Eine Zunge so scharf wie ein Papiermesser. Doch ich warne dich: Wenn du Meggie erschießt, mache ich dasselbe mit deinen Lieblingsbüchern.«

Elinors Lippen kräuselten sich zu einem käferkleinen Lächeln. »Gute Antwort«, sagte sie und trat zur Seite. »Du hast dich offenbar auch nicht verändert. Kommt rein. Ich werde dir die Bücher zeigen, die deine Hilfe brauchen. Und noch ein paar andere.«

Meggie hatte immer geglaubt, dass Mo viele Bücher besaß. Nachdem sie Elinors Haus betreten hatte, glaubte sie das nie wieder.

Es gab keine herumliegenden Stapel wie bei Meggie zu Hause. Jedes Buch hatte offenbar seinen Platz. Doch wo andere Menschen Tapeten haben, Bilder oder einfach ein Stück leere Wand, hatte Elinor Bücherregale. In der Eingangshalle, durch die sie sie zuerst führte, waren es weiße Regale, die sich bis zur Decke streckten, in dem Zimmer, das sie danach durchquerten, waren sie schwarz wie die Fliesen auf dem Boden, ebenso wie in dem Flur, der darauf folgte.

»Diese da«, verkündete Elinor mit wegwerfender Geste, während sie an den dicht gedrängt stehenden Bücherrücken vorbeischritt, »haben sich im Laufe der Jahre angesammelt. Sie sind nicht weiter wertvoll, meist von minderer Qualität, nichts Außergewöhnliches. Sollten sich gewisse Finger nicht beherrschen können und irgendwann eins davon herausziehen«, sie warf Meggie einen kurzen Blick zu, »so wird das keine ernsthafteren Folgen haben. Solange diese Finger, nachdem ihre Neugier befriedigt ist, jedes Buch wieder an seinen Platz stellen und keine unappetitlichen Lesezeichen darin hinterlassen.« Bei diesen Worten drehte Elinor sich zu Mo um. »Glaub es oder glaub es nicht!«, sagte sie. »In einem der letzten Bücher, die ich gekauft habe, einer wunderschönen Erstausgabe aus dem neunzehnten Jahrhundert, habe ich doch tatsächlich eine eingetrocknete Salamischeibe als Lesezeichen gefunden.«

Meggie musste kichern, was ihr natürlich auf der Stelle einen weiteren wenig freundlichen Blick eintrug. »Das ist nicht zum Lachen, junge Dame«, sagte Elinor. »Einige der wunderbarsten Bücher, die je gedruckt wurden, gingen verloren, weil irgendein Hohlkopf von Fischhändler sie zerpflückt hat, um in die Seiten seine stinkenden Fische zu wickeln. Im Mittelalter wurden Tausende von Büchern vernichtet, weil man aus ihren Einbänden Schuhsohlen schnitt oder Dampfbäder mit ihrem Papier beheizte.« Die Erinnerung an so unglaubliche, wenn auch schon viele Jahrhunderte zurückliegende Schandtaten ließ Elinor nach Luft schnappen. »Gut, lassen wir das!«, stieß sie hervor. »Sonst rege ich mich zu sehr auf, mein Blutdruck ist eh viel zu hoch.«

Sie war vor einer Tür stehen geblieben. Auf das weiße Holz war ein Anker gemalt, um den sich ein Delphin wand. »Das ist das Zeichen eines berühmten Druckers«, erklärte Elinor und strich mit dem Finger über die spitze Delphinnase. »Genau das Richtige für den Eingang zu einer Bibliothek, oder?«

»Ich weiß«, sagte Meggie. »Aldus Manutius. Er lebte in Venedig. Er hat Bücher gedruckt, die gerade so groß waren, dass sie gut in die Satteltaschen seiner Auftraggeber passten.«

»Ach ja?« Elinor runzelte irritiert die Stirn. »Das

wusste ich nicht. Auf jeden Fall bin ich die glückliche Besitzerin eines Buches, das er eigenhändig gedruckt hat. Und zwar im Jahre 1503.«

»Sie meinen, es stammt aus seiner Werkstatt«, korrigierte Meggie.

»Natürlich meine ich das.« Elinor räusperte sich und musterte Mo so vorwurfsvoll, als könnte nur er daran schuld sein, dass seine Tochter so extravagante Dinge wusste. Dann legte sie ihre Hand auf die Klinke. »Durch diese Tür«, sagte sie, während sie die Klinke mit fast weihevoller Andacht herunterdrückte, »ist noch nie ein Kind gegangen, aber da dein Vater dir vermutlich einen gewissen Respekt vor Büchern beigebracht hat, mache ich eine Ausnahme. Jedoch nur unter der Bedingung, dass du von den Regalen mindestens drei Schritte Abstand hältst. Akzeptierst du diese Bedingung?«

Einen Augenblick lang wollte Meggie ablehnen. Zu gern hätte sie Elinor dadurch verblüfft, dass sie ihre kostbaren Bücher mit Verachtung strafte. Aber sie konnte nicht. Ihre Neugier war einfach zu stark. Fast kam es ihr vor, als könnte sie die Bücher durch die halb offene Tür flüstern hören. Tausend unbekannte Geschichten versprachen sie ihr, tausend Türen zu tausend nie geschauten Welten. Die Versuchung war stärker als Meggies Stolz.

»Akzeptiert«, murmelte sie und verschränkte die Hände hinter dem Rücken. »Drei Schritte.« Ihre Finger kribbelten vor Begierde.

»Kluges Kind«, sagte Elinor in so herablassendem Ton, dass Meggie ihre Entscheidung beinahe rückgängig gemacht hätte. Dann betraten sie Elinors Allerheiligstes.

»Du hast sie renovieren lassen!«, hörte Meggie Mo sagen. Er sagte noch etwas, aber sie hörte nicht mehr zu. Sie starrte nur die Bücher an. Die Regale, in denen sie standen, dufteten nach frisch geschlagenem Holz. Sie reichten bis hinauf zu einer himmelblauen Decke, von der winzige Lampen wie angebundene Sterne hingen. Schmale Holztreppen, versehen mit Rollen, standen vor den Regalen, bereit, jeden begierigen Leser hinauf zu den oberen Borden zu tragen. Es gab Lesepulte, auf denen aufgeschlagene Bücher lagen, angekettet mit messinggoldenen Ketten. Es gab Glasvitrinen, in denen Bücher mit altersfleckigen Seiten jedem, der näher trat, die wunderbarsten Bilder zeigten. Meggie konnte nicht anders. Ein Schritt, ein hastiger Blick zu Elinor, die ihr zum Glück den Rücken zukehrte, und sie stand vor der Vitrine. Tiefer und tiefer beugte sie sich über das Glas, bis sie sich die Nase daran stieß.

Stachelige Blätter rankten sich um blassbraune Buchstaben. Ein winziger roter Drachenkopf spuckte Blüten auf das fleckige Papier. Reiter auf weißen Pferden blickten Meggie an, als wäre kaum ein Tag vergangen, seit jemand sie mit winzigen Pinseln aus Marderhaar gemalt hatte. Neben ihnen stand ein Paar, vielleicht war es ein Brautpaar. Ein Mann mit feuerrotem Hut musterte die beiden feindselig.

»Das sollen drei Schritte sein?«

Meggie fuhr erschrocken herum, aber Elinor schien nicht allzu verärgert zu sein. »Ja, die Kunst der Buchmalerei!«, sagte sie. »Früher konnten nur die Reichen lesen. Deshalb gab man den Armen Bilder zu den Buchstaben, damit sie die Geschichten verstehen konnten. Natürlich dachte man nicht an ihr Vergnügen, die Armen waren zum Arbeiten auf der Welt, nicht, um glücklich zu sein oder sich schöne Bilder anzusehen. Das war den Reichen vorbehalten. Nein. Man wollte sie belehren. Meistens waren es Geschichten aus der Bibel, die ohnehin jeder kannte. Die Bücher lagen in den Kirchen aus, und jeden Tag wurde eine Seite umgeblättert, um ein anderes Bild zu zeigen.«

»Und dieses Buch?«, fragte Meggie.

»Oh, ich denke, das lag nie in einer Kirche«, antwortete Elinor. »Das diente wohl eher dem Vergnügen eines sehr reichen Mannes, aber es ist fast sechshundert Jahre alt.« Der Stolz in ihrer Stimme war nicht zu überhören. »Wegen eines solchen Buches hat es schon Mord und Totschlag gegeben. Ich brauchte es zum Glück nur zu kaufen.«

Bei den letzten Worten drehte sie sich abrupt um und musterte Staubfinger, der ihnen lautlos wie eine Katze auf der Jagd gefolgt war. Für einen Moment dachte Meggie, Elinor würde ihn auf den Flur zurückschicken, doch Staubfinger stand mit so ehrfürchtiger Miene vor den Regalen, die Hände auf dem Rücken verschränkt, dass er ihr keinen Anlass bot, und so warf sie ihm nur einen letzten missbilligenden Blick zu und kehrte zu Mo zurück.

Er stand vor einem der Lesepulte und hielt ein Buch in der Hand, dessen Rücken nur noch an ein paar Fäden hing. Ganz vorsichtig hielt er es, wie einen Vogel, der sich den Flügel gebrochen hatte.

»Nun?«, fragte Elinor besorgt. »Kannst du es retten? Ich weiß, es ist in furchtbarem Zustand, und die anderen sind, fürchte ich, nicht viel besser dran, aber …«

»Das lässt sich alles beheben.« Mo legte das Buch zur Seite und begutachtete ein weiteres. »Aber ich denke, ich werde mindestens zwei Wochen brauchen. Wenn ich nicht zusätzliches Material besorgen muss. Das könnte die Sache noch um einiges verlängern. Erträgst du unsere Gegenwart so lange?«

»Selbstverständlich.« Elinor nickte, doch Meggie bemerkte den Blick, den sie in Staubfingers Richtung warf. Er stand immer noch vor den Regalen gleich neben der Tür und schien vollkommen in die Betrachtung der Bücher versunken

zu sein, doch Meggie hatte den Eindruck, dass
ihm nichts von dem entging, was hinter seinem
Rücken gesprochen wurde.

MARCO LODOLI
In der Bibliothek

Jorge Luis Borges dachte, dass die perfekteste Form des Labyrinths eine Bibliothek sei: Die Gänge gabeln sich, multiplizieren sich, und jeder hat hunderte Wandregale, tausende Bücher. Man kann argwöhnen, dass alle Nachforschungen zu einer Verwirrung führen, weil jedes Buch auf ein anderes zurückverweist und das bis ins Unendliche; aus diesem Labyrinth gibt es keinen Ausweg.

Die Vorstellung ist suggestiv, aber wie jeder perfekte Handschuh kann sie auch gewendet werden: Die Bibliotheken sind meist Orte, an denen die Verwirrung neue Begegnungen schafft, unerwartet und entscheidend. Ich denke da an unsere kleinen städtischen Bibliotheken, genauer gesagt an die in der Via Rugantino in Torre Spaccata.

Das Viertel ist sympathisch, errichtet mit einer gewissen Aufmerksamkeit für Freiräume und Grünflächen. Aber es bleibt ein Ort, wo das Zusammenkommen der Menschen nicht leicht ist, weil es keine schönen Plätze gibt und weil die Häuser dicht aneinandergereiht stehen, des Nachts vom Schlaf der Bewohner gefüllt und bei Tag geleert, weil ja alle diese Menschen zur Arbeit gehen.

Und darin ist der Grund dafür zu suchen, dass die Bibliothek der Via Rugantino ein wertvoller Ort ist: Es ist die Anziehungskraft, die viele junge Studenten anlockt, Pensionisten, die hier gratis Zeitung lesen können, Erwachsene, die hier vorbeikommen, um sich ein Buch auszuleihen. Im Inneren herrscht das konzentrierte Schweigen wie in allen Bibliotheken der Welt: Die Leute lesen, machen sich Notizen, betreten die Parallelwelten, die zwischen den Seiten verborgen sind.

Aber dann steht einer auf, um eine Zigarette rauchen zu gehen, man wechselt ein paar Sätze, man entdeckt gemeinsame oder unterschiedliche Interessen und bemerkt, wie schön es ist sich auszutauschen. Die Jungen machen den Mädchen den Hof, die Alten sprechen mit den Jüngeren: Man teilt Eindrücke, Überlegungen, man schließt Freundschaft unter den Schwingen des Wissens. Auf diese Weise ist die Bibliothek kein Labyrinth mehr, sondern ein kleiner Platz, wo man einander trifft, mit der Möglichkeit, Wahlverwandtschaften zu entdecken, Freunde und Partner für Abenteuer.

Es müsste eine Bibliothek in jedem römischen Viertel geben, vor allem in den allerschwierigsten. Denn in einer solchen Bibliothek liegt der Ausgangspunkt für eine aufmerksame großzügige Gemeinschaft.

THOMAS BERNHARD
Leseleidenschaft

Dem einen ist es die liebste jahrzehntelange Gewohnheit, seine drei oder vier Gläser Bier in einer Vormittagskaschemme zu trinken, ich gehe ins Kunsthistorische Museum. Der eine nimmt gegen elf Uhr vormittag ein Vollbad, um über die Tageshürde zu kommen, ich gehe ins Kunsthistorische Museum. […] Hier im Bordone-Saal habe ich die beste Meditationsmöglichkeit, und sollte ich einmal Lust haben, hier auf der Bank etwas zu lesen, beispielsweise meinen geliebten Montaigne oder meinen vielleicht noch mehr geliebten Pascal oder meinen noch viel mehr geliebten Voltaire, wie Sie sehen, sind meine geliebten Schriftsteller alle Franzosen, nicht ein einziger Deutscher, kann ich es hier auf die angenehmste und auf die nützlichste Weise. Der Bordone-Saal ist mein Denk- wie mein Lesezimmer. Und habe ich einmal Lust auf einen Schluck Wasser, so bringt mir Irrsigler ein Glas, ich brauche nicht einmal aufzustehen. Manchmal staunen die Leute, wenn sie sehen, daß ich hier, auf der Sitzbank sitzend, meinen Voltaire lese und dazu ein Glas klaren Wassers trinke, sie wundern sich, schütteln den Kopf und gehen wieder und es ist, als hielten sie mich für einen Verrückten mit besonderer staatlich erlaubter Narrenfreiheit. Zu Hause lese ich schon seit Jahren kein Buch mehr, hier im Bordone-Saal habe ich schon Hunderte Bücher gelesen, aber das heißt nicht, daß ich alle diese Bücher im Bordone-Saal *aus*gelesen hätte, ich habe niemals in meinem Leben ein einziges Buch *aus*gelesen, meine Art zu lesen ist die eines hochgradig talentierten Umblätterers, also eines Mannes, der lieber umblättert, als liest, der also Dutzende, unter Umständen Hunderte von Seiten umblättert, bevor er eine einzige liest; aber wenn der Mann eine Seite liest, so liest er sie so gründlich, wie keiner und mit der größten Leseleidenschaft, die sich denken läßt. Ich bin mehr Umblätterer als Leser, müssen Sie wissen, und ich liebe das Umblättern genauso wie das Lesen, ich habe in meinem Leben millionenmal mehr umgeblättert, als gelesen, aber am Umblättern immer wenigstens so viel Freude und tatsächliche Geisteslust gehabt, wie am Lesen. Es ist doch besser, wir lesen alles in allem nur drei Seiten eines Vierhundertseitenbuches tausendmal gründlicher als der normale Leser, der alles, aber nicht eine einzige Seite gründlich liest, sagte er. Es ist besser, zwölf Zeilen eines Buches mit höchster Intensität zu lesen und also zur Gänze zu durchdringen, wie gesagt werden kann, als wir lesen das ganze Buch *wie der normale Leser,* der am Ende das von ihm gelesene Buch genauso wenig kennt, wie ein Flugreisender die Landschaft, die er überfliegt. Er nimmt ja nicht einmal die Konturen wahr. So lesen heute die Leute alle alles im Flug, sie lesen alles und kennen nichts. Ich betrete ein Buch und lasse mich darauf nieder, mit Haut und Haaren, müssen Sie denken, auf ein oder zwei Seiten einer philosophischen Arbeit, als wäre ich dabei, eine Landschaft zu betreten, eine Natur, ein Staatsgebilde, ein Erddetail, wenn Sie wollen, um ganz und nicht nur mit halber Kraft und mit halbem Herzen, in dieses Erddetail einzudringen, es zu erforschen und um dann, ist es erforscht mit aller mir zur Verfügung stehenden Gründlichkeit, auf das Ganze zu schließen. Wer alles liest, hat nichts begriffen, sagte er. Es ist nicht notwendig, den ganzen Goethe zu lesen, den ganzen Kant, auch nicht notwendig, den ganzen Schopenhauer; ein paar Seiten Werther, ein paar Seiten Wahlverwandtschaften und wir wissen am Ende mehr über die beiden Bücher, als wenn wir sie von Anfang zum Ende gelesen hätten, was uns in jedem Fall um das reinste Vergnügen bringt. Aber zu dieser drastischen Selbstbeschränkung gehört so viel Mut und so viel Geisteskraft, daß sie nur sehr selten aufgebracht werden kann und daß wir selbst sie nur selten aufbringen; der lesende Mensch ist wie der fleischfressende auf die widerwärtigste Weise gefräßig und verdirbt sich wie der fleischfressende den Magen und die gesamte Gesundheit, den Kopf und die ganze geistige Existenz. Selbst eine philosophische Abhandlung verstehen wir besser, wenn wir sie nicht *zur Gänze* auffressen in einem Zug, sondern uns nur ein Detail herauspicken, von welchem wir dann auf das Ganze kommen, wenn wir Glück haben. Die höchste Lust haben wir ja an den Fragmenten, wie wir am Leben ja auch dann die höchste Lust empfinden, wenn wir es als Fragment betrachten, und wie grauenhaft ist uns das Ganze und ist uns im Grunde das fertige Vollkommene. Erst wenn wir das Glück haben, ein Ganzes, ein Fertiges, ja ein Vollendetes, zum Fragment zu machen, wenn wir daran gehen, es zu lesen, haben wir den Hoch- ja unter Umständen den Höchstgenuß daran. Unser Zeitalter ist als Ganzes ja schon lange Zeit nicht mehr auszuhalten, sagte er, nur da, wo wir das Fragment sehen, ist es uns erträglich.

Manche begleiten mich schon mein Leben lang.
Die Raupe Nimmersatt zum Beispiel. Und der
kleine König Kalle Wirsch. Die Gesellschaft ver-
trauter Bücher ist mir immer wieder Trost und
Freude. Ich gehöre zu den altmodischen Leuten,
die mit echten Büchern im Gepäck reisen, und
im Flugzeug komme ich mir vor wie eine aus-
sterbende Art, wenn um mich herum aus dem
Handgepäck die Reader gezogen werden, diese
unheimlich effektiven Lesegeräte, die nicht nach
Papier duften, die keine attraktiven Eselsohren
haben und die man nicht am Strand einfach ausgelesen liegenlassen kann, als Gruß und als Ge-
schenk für den nächsten Büchermenschen. Ich
habe nichts gegen Reader. Sie sind so praktisch
und so sexy wie knitterfreie Kleidung. Aber ich
liebe gebügelte Blusen und zerlesene Bücher, die
echten, die einen zurücklieben, und ich mache
mir wirklich große Sorgen um sie. Meine wun-
derbare Freundin Britta Hansen ist Verlagsleite-

rin bei Random House. »Bücher sind Kunstwerke«, findet sie, »sie sind sinnlich und stecken voller Erinnerungen. Du liest deinen Kindern ja auch keine Gutenachtgeschichten aus dem Reader vor.«

Vor fast 20 Jahren hatte Britta bei mir angerufen, um zu fragen, ob ich Lust hätte, ein Buch zu schreiben. Diesen Anruf werde ich ihr nicht vergessen, denn damals wurde ich vom bücherlesenden zusätzlich zum bücherschreibenden Wesen. Und jetzt erlebe ich mit Grausen, wie die kleinen Buchhandlungen schließen, weil sie keinen Nachfolger finden, wie der Taschenbuchmarkt so dramatisch einbricht, als seien über Nacht sämtliche Leser ausgewandert, und wie elektronische Billigstbücher die Geschmacksnerven der Menschen ruinieren und ihnen weismachen, es lohne sich nicht mehr, Geld fürs Lesen auszugeben. Britta Hansen sagt: »Die Rolle der Verlage besteht darin, ›Gatekeeper‹ zu sein, die Qualität von Inhalten zu sichern, eine Auslese zu treffen, Autoren zu betreuen und sie dabei zu unterstützen, ihre Potenziale zu entfalten. Diese Arbeit hat ihren Preis. Und dass immer mehr

Menschen nicht bereit sind, diesen Preis zu zahlen, trifft die Verlage ins Mark. Trotzdem werden wir weiterhin auf das Buch setzen. Bücher sind Freunde. Manche sogar fürs ganze Leben.« Und manche Verleger und Lektoren auch.

Zusammen haben Britta und ich uns ein paar neue Freunde für den Sommer ausgesucht: »Miss you« zum Beispiel von Kate Eberlen. Oder »Kindeswohl« von Ian McEwan. Und »Unschuld« von Jonathan Franzen.

Wenn Sie gut achtgeben, werden Sie eines dieser Bücher vielleicht irgendwo an einem Strand entdecken, warmgelesen, voll mit Eselsohren und wunderbaren Erinnerungen. Ich habe es extra für Sie dort liegenlassen!

ERIKA PLUHAR
Über das Lesen von Büchern

Wie hätte ich wohl mein langes Leben gemeistert, ohne Bücher zu lesen. Es ist mir unvorstellbar, und ich verweigere sogar, es mir vorzustellen. Mit Erstaunen, ja leisem Entsetzen, betrachte ich Menschen, die anscheinend ohne Bücher durchs Leben kommen. Und derer gibt es mehr, als man gemeinhin annimmt. Ein paar Pseudo-Bände verstauben auf einem Bücherbord, weil sich das irgendwie immer noch gehört. Als Lektüre jedoch genügen Zeitungen. Das heißt – diese seit neuestem auch kaum noch, man liest nur noch digital, auf Smartphones oder Tablets. Nun gibt es ja mittlerweile auch alles an Literatur ›online‹, kann man sich jegliches ›herunterladen‹ und auf Bildschirmen konsumieren.

Trotzdem aber, und das ist mir Trost und Zuversicht, wird das Buch nie aussterben. Werden Leser, die als solche nur und unbedingt mit Büchern existieren wollen, nie aussterben. Ich selbst kann, wenn ich über das Lesen reflektiere, es auch nur an Hand von Büchern tun. Wahrhaft ›an Hand‹, denn mit der fühlbaren, durch das Berühren gewonnenen Wahrnehmung – das Buch nehmen, aufblättern, Seiten aus dünnerem oder kräftigerem Papier, der Buchdeckel hart oder biegsam, das Buch dann in meinen Händen – nur so lese ich. Will und kann ich lesen.

Meine frühe Kindheit war dem Kriegsgeschehen ausgeliefert, aber ich ging gleich danach, ab dem Jahr 1946, zur Schule. Von der Wiener Wohnung meiner Tante Minnie aus, bei der wir in der Nachkriegszeit in zwei winzigen Zimmerchen Zuflucht gefunden hatten, rannte ich den ganzen langen Weg dorthin, um ja früh genug vor dem großen Schultor anzukommen. Erleichtert ausatmend erwartete ich dann den Beginn des Unterrichts – und ich kostete diese Erwartung aus!
Ich liebte es, zur Schule zu gehen. Daß es nach den traumatisierenden Schrecknissen des Krieges so etwas wie die Schule für mich gab, erlebte ich als Wunder. Und hatte zudem gleich zu Beginn das Glück, den Segen einer sanften und

verständigen Lehrerin. Ich erlernte also die Buchstaben. Lernte zu schreiben. Und lernte zu lesen!

Vielleicht waren es gerade die kindlichen Kriegserlebnisse, die eigene und im Menschenumfeld fühlbare Angst, alles und alle bedroht von Bombardierung, Zerstörung, Flucht und Elend – vielleicht erwirkte das meine besondere Beglückung, als ich erfuhr, daß man aus Büchern Geschichten herauslesen kann. Mehr noch – daß es überhaupt die Möglichkeit von lesend durchlebten Geschichten gibt, die nichts mit der eigenen Existenz zu tun haben!

Im Krieg hatte die Mutter uns Kindern ab und zu Märchen vorgelesen oder erzählt, um den Schrecken eine Weile zu besiegen. Jetzt aber lernte ich, aus Buchstaben, die zu Worten wurden, selbst lesend Geschichten zu durchwandern. Schon die frühen Kinderbücher beflügelten mich kurz, was so ein Schweinchen oder eine Schwalbe erlebt, dazu vielleicht Illustrationen, es war bereits ein Mich-Davonlesen aus dem Alltäglichen.

Aber bei mir ging es rasch, ich war bald bei

richtigen Büchern angelangt. So etwas wie *Heidi* mit allen Fortsetzungsbänden (wobei mir, dem Nachkriegskind, vor allem der goldgelbe Käse des Alm-Öhis das Wasser im Mund zusammenlaufen ließ) wurde schnell von ›erwachsenen‹ Romanen aus dem Bücherschrank meiner Eltern abgelöst. Ich las alles, was mir in die Finger kam, niemand stellte sich meiner Auswahl in den Weg, es waren harte Jahre, man hatte anderes zu tun. Und ich sog sicher einiges in mich auf, das meinem Alter nicht entsprach. Einige kitschige Liebesromane ließen mich früh erschauern, es gab zwei Werke des im Dritten Reich beliebten Knut Hamsun, aber immerhin schon einen Band mit Erzählungen von Adalbert Stifter.

Erst als ich ins Gymnasium kam, und wieder mit dem Segen einer wunderbaren Deutschprofessorin beschenkt wurde, stieß ich auf fruchtbare literarische Hinweise und Belehrungen, lernte ich den Erzählstil von Geschichten, von Büchern zu differenzieren und las ich mich unermüdlich in gute Literatur hinein.

Aber was mir auf schlichte Weise erhalten blieb,

war der Wunsch nach einer zwar lebensnahen, jedoch erfundenen Geschichte. Nach Erfindungen eben. Ich fand dieses Entwischen in einen anderen Ablauf von Realität später auch bei Kinofilmen und im Theater, und das trieb mich ja letztendlich in den Beruf der Schauspielerei.

Jedoch das Lesen blieb mein treuester und lebenslanger Begleiter. Neben meinem Bett müssen Bücher liegen. Mein Reisegepäck war immer schwer, der Bücher wegen, was mich dennoch zu keinem ›Kindle‹-Tablet verführte. Auch ein Hotelzimmer ohne Buch ist mir Albtraum.

Und wenn ich selbst schreibe – im Lauf meines Lebens tat ich's ja immer intensiver –, dann ist ›das Erscheinen‹ des Buches stets Erlebnis. Ja, ist es eine Erscheinung – ein Buch – ist ein Buch – ist ein Buch …

ELKE HEIDENREICH
Lesen

Ich steige ins Taxi, der Fahrer liest in einem Buch. Ich sage ihm, wohin ich möchte, er seufzt, fährt los, das Buch offen auf dem Schoß. Die Ampel ist rot, er liest weiter. Die Ampel wird grün, er liest, bis es hinter ihm hupt, dann fährt er los, in aller Ruhe. Das wiederholt sich an jeder Ampel.

Ich finde das sehr komisch, irgendwie auch sehr schön, und als ich ausgestiegen bin, ärgere ich mich, dass ich ihn nicht gefragt habe, was er da liest.

FRANZISKA WOLFFHEIM
Fluchen auf die Funzel

Im Bett zu lesen ist der größte Luxus überhaupt. Der Körper lässt sich in die Waagerechte fallen, der Geist entschwindet in ferne Welten. Wo auch immer die einen hinführen und auf welche Weise. Ganz im Sinne von Kurt Tucholsky, der schrieb: »Im Bett soll man nur leichte und unterhaltende Lektüre zu sich nehmen sowie spannende und beruhigende, ferner ganz schwere, wissenschaftliche und frivole sowie mittelschwere und jede sonstige, andere Arten aber nicht.«

Wer zu Hause im eigenen Bett liest, wird sich sorgfältig um das Setting kümmern, damit Rückenpolsterung, Beleuchtung etc. stimmen. Das Lesen in Hotelbetten hat dagegen seine Tücken, vor allem nachts. Hotelausstatter und Hotelbesitzer sind, so mein Eindruck, keine lesenden Menschen, zumindest nicht im Liegen. Die Hotelmatratzen mit ihrem Verschleiß sind nicht das Problem, auch aus einer tiefen Kuhle heraus kann man mit seiner Lektüre bestens abtauchen.

Das Problem ist die Illumination. In dem Wort steckt das lateinische *lumen*, Licht. Nachttischlampen in Hotels verkörpern meist eine besondere Variante von *lumen,* und das gilt allzu oft auch in Nobelhotels. Hotelnachttischlampen stehen für vornehme Zurückhaltung, das Grelle ist ihnen fremd. Ihre Existenzberechtigung sehen sie im Erzeugen von Schummer- und Dämmerlicht. In manchen Situationen ist der Charme des Halbdunkels unbestritten. Nicht aber beim Lesen. Menschen, die noch nicht wissen, was eine Lesebrille ist, versinken gern im Dämmergrau. Für mich ist es eine Qual.

Vor Jahren habe ich mich in einem gediegenen Hotel in Amsterdam eingemietet. Auf dem Nachttisch thronte eine ausladende Lampe mit mattgoldenem Fuß und weinrotem, plüschigem Schirm, Modell Matrone. Die Lichtstrahlen, die sich durch den Schirm quälten, waren maximal heruntergedimmt. Also versuchte ich, den

Schirm in eine Schräglage zu bringen, um mehr Licht zu ernten. Doch der Schirm schnellte unerwartet elastisch zurück, eine Staubwolke stieg auf, die mich, die ich unter einer Hausstauballergie leide, sofort zum Niesen brachte.

Ein anderes Mal, am Gardasee, hatte ich es mit zwei erstaunlichen Lampenexemplaren zu tun, die sich neckisch als Löwen verkleidet hatten. Der eine Löwe hatte eine knallgelbe, der andere eine hellblaue Kunststoffmähne. Über ihren puscheligen Köpfen wölbte sich glockig der farblich abgestimmte Lampenschirm. Die 10- oder 20-Watt-Birnen tuschten den Löwen ein leichtes Lächeln ins Gesicht, mein Buch aber blieb vom Schein nahezu unberührt. Nach einiger Zeit roch es neben mir leicht versengt. Ich fürchtete, über dem unheilvollen Mickerlicht einzuschlafen und, gemeinsam mit den Löwen, Opfer eines Zimmerbrands zu werden. Also knipste ich die illuminierten Raubtiere kurzerhand aus. *Andate al diavolo*, fahrt zur Hölle!

In solchen Situationen kann man es mit dem Deckenfluter versuchen. Der, wenn man Pech hat, sich als Neon-Folter erweist, und man fühlt sich eher wie auf einem OP-Tisch als im Hotelbett. Die Alternative ist die Handytaschenlampe, die mich nicht selten gerettet hat. Mit der einen Hand umklammere ich das Buch, mit der anderen mein Smartphone. Jetzt bloß nicht niesen, sonst bricht die Konstruktion zusammen. Wenn irgendwann die Finger taub werden, ist die aparte Handgymnastik und damit das Lese-Vergnügen zu Ende.

Ein Erlebnis in einem Pariser Hotel ist mir nachhaltig im Gedächtnis geblieben. Auf dem Nachttisch stand ein rosafarbener, senkrecht aufragender Korpus, dessen Kopf abgerundet war. Das von innen beleuchtete Objekt weckte eindeutige Assoziationen. Vielleicht war mein Hotel mal ein Stundenhotel gewesen, wer weiß. Jedenfalls war das obszöne Teil auch nicht besser als seine funzeligen Verwandten. Da es klein war, holte ich es kurzerhand zu mir ins Bett neben mein Buch und ließ es zartrosa über die Seiten leuchten.

Mühsam kämpfte ich gegen die Müdigkeit. Am frühen Morgen wachte ich plötzlich von einem lauten Bums auf. Erschrocken öffnete ich die Augen und begriff erst allmählich, dass meine Lust-Leuchte nicht mehr auf dem Nachttisch stand, sondern auf den Boden gefallen war. Ich tastete nach dem Schalter und knipste ihn an. Es blieb dunkel, dunkel, dunkel. Im Schein meiner Handytaschenlampe sah ich eine Motte, die in Richtung Zimmerdecke davonflatterte.

Was hätte Kurt Tucholsky zu alldem gesagt? Vermutlich etwas in der Art: Im Hotelbett sollte man ausschließlich Lektüre in Großdruck zu sich nehmen. Schriften, die an Fliegenschiss erinnern, tun es aber auch.

ULRIKE DRAESNER
Speck

Speck wusste nicht, warum er Speck hieß. Er war dünn, so sah er sich zumindest selbst aus dem Spiegel an. Stets hatte er frisch gewaschenes, ja duftendes Haar. Sein Lieblingsspiegel indes zeigte einen verschwommenen Speck, einen Speck, umrahmt von Büchern. Speck war kurz, die Bücher umstanden ihn wie einen Kranz, zwischen Speck und den Büchern befanden sich eine Scheibe und das Nichts. Specks Finger waren nicht immer sauber. Dafür waren auch sie kurz, sehr kurz sogar, konnten aber ein Buch halten, jedenfalls richtig herum, und die speckigen Abdrücke von Specks Fingern auf den Fenstern der Buchhandlung sah kaum jemand. Speck mochte Bücher, einzig ein Buch, in dem in fortlaufenden Geschichten nur gezeichnet war, man nannte es Wimmelbuch, mochte Speck nicht. Er erkannte sich darin in einem Mädchen wieder, das, ständig Buch lesend, durch die Stadt lief und das Leben versäumte, es war aber das Leben der Anderen. Einmal rannte sie des Lesens wegen gegen einen Laternenpfahl, die Grobheit dieser Komik verletzte Speck, der wie das Mädchen selbstverständlich überall und immer las, und doch lachten die anderen darüber und zeigten auf das gezeichnete Lesekind, das Speck nun innerlich ebenfalls Speck zu nennen begann.

Nicht zufällig stand Speck an der Tür des Buchladens, auch wenn dieser geschlossen hatte, nicht zufällig drückte er sich an der Scheibe die Nase platt. Es war berückend, wie die Welt dank des Glases mit sich selbst in Übereinstimmung trat: In Speck standen Bücher, die äußerlich noch einmal vorkamen; in Speck stand ein kleiner Speck, der wusste, was er wollte, der Bücher las und dabei groß wurde wie eine Welt.

Wie das geschah, war für Speck offensichtlich, schien den meisten Menschen aber ein Rätsel oder gar Geheimnis. Speck entdeckte, dass sie sich nach solch einem Erlebnis sehnten, aber nicht wussten, wo es sie erwartete. Das musste umso mehr erstaunen, als das Geheimnis jeden täglich umgab, ja, jeder sich seiner bediente. Den Buchhändlern, einem Brüderpaar, war es selbst-

verständlich vertraut, sie spielten damit und mit
Speck, indem sie ihm zeigten, wie man die Welt
einrichten muss, damit sie sich reimt:

> Eins zwei drei vier fünf sechs sieben,
> in der Schule wird geschrieben,
> in der Schule wird radiert,
> bis der Lehrer explodiert.

Als Speck ein paar Tage später stolz das Gedicht
weiterführte, waren sie empört (um Speck zu gefallen):

> Lehrer fährt ins Krankenhaus,
> streckt den Po zum Fenster raus,
> unten steht ein Polizist,
> kriegt die Kacke ins Gesicht.

Ein »-ist« gereimt auf »icht«. Hier spürte man,
dass die deutsche Sprache etwas Sprödes, besser
»Sprödiges« besitzt, das sie liebenswert macht,
empfindlich und packend. Wie sie sich bog, wenn
sie reimte, wie sie rieb, wenn sie sang, wie be-
scheiden sie war, ging es um Klang, wie gern sie
sauste und zischte wie der Wind, bis die Kassen-
zettel im Laden dahinwehten, die Teppiche sich
wellten, die Seiten der Bücher von selbst um-
schlugen. Speck staunte: Die Welt war doch kei-

ne Kugel, die unbeweglich auf dem Globusständer verharrte, sondern ein an unsichtbaren Sprachschnüren auf und nieder hüpfender Ballon, der je nachdem, wie an ihm gezogen wurde, ein anderes Bild zeigte.

Kaum war Speck etwas älter, also hatte mehr gelesen, sprachen die Brüder von Schwimmunterricht. Speck wusste, dass die Tiefen der Buchhandlung nachts bläulich schimmerten. Auch mochte das Namensschild meerblau sein. Aber Schwimmen? Die Brüder wackelten ein wenig mit den runden, einander ähnelnden Köpfen und sagten, als wäre es das Selbstverständlichste: »Das Deutsche ist ein Teich.«

Speck lachte herzlich. Da saßen sie nun alle drei an einem der Tische der Buchhandlung, und die Händler verrieten, was sie aus Büchern gelernt hatten. Im Deutschen, sagte sie, trieben Wörter auf der Fläche der Grammatik wie Seerosen: Unten miteinander verbunden, tauschten sie oben den Platz. Je nachdem, was man anstellte, verknoteten oder entwirrten sich die Stängel. Mal fühlte sich die Welt, die der Satz fasste, freundlicher, stachliger oder nachgiebiger an. Der ältere der

Buchhändler sprach für Speck hier von Rosig-
keit – wenn ein Satz beim Lesen ins Gehirn glitt
und angenehm betäubte. Der andere betonte
die Schlammigkeit der Leseerfahrung, man ver-
sumpfte, japste, verhedderte sich, litt mit und
hatte gerade daran den größten Spaß.
Für eine Zeit waren Speck gedrehte Sätze am
liebsten, ein Stängel schlang sich um den anderen, lesend kletterte man die Spirale hinauf, ohne im Vorhinein zu wissen, wo man ankommen
würde. Thomas Mann eignete sich für diese Klet-
tereien, auch Dostojewski oder Tolstoi, am besten aber ging es bei Henrich von Kleist. Die
Brüder übrigens fuhren einen schnittigen, silb-
rigen Wagen, reisten, surften, handelten, rech-
neten. Weil sie aber nicht vergaßen, die Türen in
ihr Inneres geöffnet zu halten – sie lasen eine
Stunde am Tag, was sie wollten, jenseits allen
Geschäfts –, versorgten sie Speck mit Kuchen
und einem Meereskundebuch.
Es erzählte von der überraschenden, an sich über-
steigerten, aber effektiven Intelligenz der Tin-
tenfische. Sie mussten als überdimensionierte
Schnecken mit acht Armen und neun Gehirnen

gelten. Die Regeln für den deutschen Satzbau
ähnelten ihnen, ja, waren dem freien Krakentum
verpflichtet. In raschem Wechselgesang führten
die Brüder den Beweis auf für Speck:

Neun Gehirne hat der durchschnittliche
    deutsche Satz.
Der durchschnittliche deutsche Satz hat neun
    Gehirne.
Neun Gehirne – durchschnittlicher deutscher
    Satz.
Der deutsche Durchschnittssatz hat neun
    Gehirne.
Deutsch – durchschnittlich hat der Satz neun
    Gehirne.
Der durchschnittliche deutsche Satz hat
    Gehirne – neun.
Der deutsche Satz hat im Durchschnitt neun
    Gehirne.
Gehirne, neun, hat der durchschnittliche
    deutsche Satz.
Der Satz hat neun Gehirne, deutsch
    durchschnittlich.
Deutsch: neun Gehirne hat im Durchschnitt
    der Satz.

»Das waren zehn«, rief Speck, aß das letzte Stück Kuchen und kletterte inspiriert die nächste Leseleiter hinauf. Gemeinhin hatte er Angst vor Leitern, allemal, wenn sein Vater eine im Garten aufstellte und Speck aufforderte, die letzten Früchte aus dem Wipfel des Apfelbaums zu holen. Nur hier, im Buchladen, vergaß er diese Angst und auch andere Ängste und kletterte in ungeahnte Höhen. Vor der Tür standen Linden, rundum gab es Drogerien, Boutiquen, Gasthöfe, Apotheken, sogar ein Schloss mit Park und Café. Fast sah die Stadt aus, wie eine deutsche Stadt in Büchern aussieht, nur mit dem Unterschied, dass sie wirklich war, und manchmal wehten extrem verlockende Torten- oder Spargelaromen durch die geöffnete Ladentür herein und mischten sich mit dem Duft nach Tinte, Leinen, Leim und Papier. Speck machte sich nützlich: er wedelte auf seiner Leiter mit einem Staubtuch, führte Kunden zu seltenen Büchern. Den Parcours zwischen den hohen und halb hohen Regalen, Schemeln, Tischen, neuen Bücherstapeln, älteren Bücherstapeln, Nischen, Buchstützen, Lesetischen, Drehständern beherrschte er zunehmend besser. Es war ein Parcours auf allen Höhen des Leseraumes, der, wie es sich gehörte, Leseraum war von oben bis unten und von unten nach oben, ständig füllte er sich von neuem, gab Bewohner und Eindrücke, Bilder und Gefühle ab und gewann sie aus anderen Büchern hinzu.

Da passierte ihm dies: Er stand vor irgendeiner Buchhandlung in irgendeiner Stadt und sah sich im Schaufenster gespiegelt als alter Mann. Es war aber die Buchhandlung mit dem blauen Schild. Speck erkannte, dass er früher kleiner gewesen war. Bücher schwebten um ihn, seine Finger waren nicht mehr so speckig, aber noch immer dazu fähig, Abdrücke zu hinterlassen, zarte und tastende Spuren am Scheibenglas.

Erst jüngst hatte Speck gelesen, wie ein junger Mann sich beim Zahnarzt während der Behandlungen verliebt hatte. Die Möglichkeit, stumm auf einem Stuhl zu liegen, während eine Unbekannte ihm gut zusprach oder gar solidarisch seinen Arm drückte, zog ihn an. Da er beim Lesen gern ein Bonbon aß, und ein zweites, durfte er zum Zahnarzt gehen. Leider verpasste er immer wieder die Helferin, weil er weiterlesen musste. Je mehr er las, umso langsamer war sein Lesen geworden. Speck hatte begonnen, in die weißen Räume zwischen den Zeilen – oh nein, nicht zu rutschen: er trat ein. Sie hatten Türen, die sich öffneten, sanft winkten, ihn tiefer zogen. Bald entdeckte er, dass es auch für diese Räume Spiegelräume im Laden gab. Dort saß man im gelben Schein einer runden Hängelampe zwischen dunklen Regalen, und manchmal in der Sonne neben der bunten Fensterscheibe. In den Räumen, die die Zeilen Speck gewährten, geschahen Dinge, die mit dem, was in den Zeilen geschah, verbunden waren, es aber wie eine ferne Melodie umspielten. Sie erzählten von Gedanken der Figuren und ihrer Verbindung mit Specks eigenem Leben; hier verschmolz die gelesene Welt mit ihm. In ihr war er ganz bei sich und doch nicht allein. Er lachte vor Glück und fand seither auf den Regalen auch jene kleinen, oft ein wenig angegilbten Bücher, die nur einige Gedichte enthielten und immer schon dagestanden hatten. Lange vor seiner Geburt waren sie gedruckt worden, ein wenig fleckig nun; leise

Stimmen, die, tanke tanke trgglll, gern auch einmal ein »icht« auf »ist« reimten.

Die Zahnarztbesuche blieben ohne Ergebnis; man darf sich aber nicht vorstellen, Speck hätte einsam gelebt. Er wusste manches über Menschen, weil er sie liebte, zugleich aber Angst vor ihnen hatte. Diese Kombination galt als Rudelklassiker (weitverbreitete Symptomatik unter Rudellebewesen). Speck war kein Leitwolf, auch das teilte er mit vielen. In der Buchhandlung lernte man sich kennen, trank einen von den Buchhändlern im rechten Augenblick angebotenen Kaffee und begann, von sich zu erzählen. Speck hörte gut zu und wusste Rat zu geben, oder, mehr noch, mitzufühlen. Nicht selten brachte er Ideen auf, die dem anderen nie eingefallen wären. Manche Bücher nannten so etwas »emotionale Intelligenz«, dazu lächelte Speck nur, und auch die Buchhändler lächelten, denn sie hörten gern zu, wenn die Kundschaft sich so unterhielt. Einer der Brüder ging dann selbst zum Regal – an geraden Tagen war es der ältere, an ungeraden Tagen der jüngere –, um zu lesen und durch sein lautloses Tun die Kunden zu

unterstützen, während der andere Kisten aus-
räumte, kassierte, den Kaffee brühte oder mit
dem Auto zum nächsten Bahnhof fuhr, bis der
Wagen silberne Bahnen um die Buchhandlung
gelegt hatte wie ein Mond um seinen Planeten.
Auch Speck war nun so weit: Er hörte die Stimmen der Bücher.

Anfangs dachte er, es seien im Verborgenen
die Stimmen der Autoren und Autorinnen, doch
es handelte sich um die Stimmen der Bücher
selbst – nicht ihre Erzähler oder Figuren kamen zum Zug, sondern das ganze Buch, wie es
im Regal stand, aus diesem Papier, mit diesem
Schutzumschlag, diesem Leinen, diesem Lese-
bändchen, dieser Seitenaufteilung, in dieser
Schrift und dieser Sprache. Am Ende wunderte
es nicht einmal mehr Speck selbst, dass er seine
Frau vor einem Buchregal kennen lernte. Sie
erzählte ihm, wie sie als Jugendliche Heinrich
von Kleists Erzählung *Die Marquise von O.* gelesen und nur seltsam gefunden hatte. Wollte ihr
da jemand die Möglichkeit einer unbefleckten
Empfängnis verkaufen? Erst als erwachsene Frau
habe sie den Gedankenstrich entdeckt, mitten in

der Szene, in der der russische Graf die Marquise vor der Vergewaltigung durch russische Soldaten »rette«. Das eigentlich Entscheidende aber war, wie Speck sich genau erinnerte, was seine spätere Frau sodann sagte: Wie sie damals durch die Fernsehsendung *Aktenzeichen XY* stets vor Vergewaltigungen gewarnt worden sei. Das sei immer nur ein Nachspielen der Verletzung gewesen, des körperlichen Übergriffs. Erst die Literatur habe ihr etwas von dem wirklichen Geschehen erzählt. Wie die Welt durch einen kurzen Akt – den die Vergewaltigte rasch zu vergessen suchte – doch zur Gänze und für lange Zeit aus ihrer Ordnung gebracht werde. Wie viele Akte notwendig seien, das wieder zu reparieren. Und wie die Erzählung im Chor der Stimmen und über das Wissen des Autors hinaus etwas erzähle, was man wiedererkenne und verstehe, ohne es je erlebt zu haben – und anders als im Raum der Seiten nie ausdrücken könne.

Speck fühlte sich beruhigt. Diese Frau wusste also ebenfalls, dass man eine Buchhandlung, ja nicht einmal ein einzelnes Buch je ganz auslesen konnte (zumindest nicht so, wie man ein Glas

Wasser austrinken kann, einen Kaffee oder ein Glas Wein). Früher hatte ihn dies beunruhigt, heute war er froh darum. Nie im Leben würde ihm der Lesestoff ausgehen. Dachte er daran, wollte er sich sofort in den Buchladen setzen, blind zugreifen und eine der Welten wiederlesen, die er bereits kannte, um zu sehen, wie sie sich verändert hatte. Was natürlich hieß: wie er sich verändert hatte. Dazu wünschte er sich ein paar Unsinnsreime und zwei Buchdeckel aus der Buchhandlung, vor deren Scheibe er in Gedanken auch als Erwachsener oft stand, selbst als er nicht mehr in der Stadt seiner Kindheit lebte. Doch den Ort gab es, in aller Wirklichkeit.

PETRA HARTLIEB

Vergnügen und Brotberuf

Es gibt AutorInnen, die keine Bücher lesen, wenn sie selber gerade in einer produktiven Schreibphase stecken. Ich kenne solche. Die kochen dann jeden Abend ein warmes Essen, gehen viel spazieren, und zur Belohnung schauen sie am Abend Serien auf Netflix. Manchmal würde ich mir wünschen, ich könnte das auch. Wenn man selber schreibt und ständig die Bücher anderer liest, dann ist das Schreiben noch schwieriger, als es ohnehin schon ist. Entweder sind die Bücher der anderen zu gut, und man bekommt die Krise, weil man sich nicht vorstellen kann, jemals etwas ähnlich Gutes zu verfassen, oder sie sind zu schlecht und es stellen sich die üblichen Zweifel am überhäuften Buchmarkt ein.

Ich kann das nicht, denn ich habe noch einen Brotberuf und die Bedingung für diesen Beruf ist, dass ich viele Bücher lese. So lese ich ständig und querbeet, manchmal auch sogenannte seichte Unterhaltung, zwischendurch blättere ich in

Bilderbüchern, und einmal im Jahr lese ich einen historischen Roman. Neben meinem Bett liegt ein meterhoher Stapel von Büchern, alles Dinge, in die ich noch »schnell reinschauen« muss. Da sind natürlich welche dabei, die nur angelesen werden, das heißt, man liest die ersten fünfzig Seiten und hat genügend Informationen, um sie an den Mann oder die Frau zu bringen. Das ist gefährlich, denn manche Bücher nehmen erst nach dem ersten Drittel richtig Fahrt auf oder nehmen Wendungen, die man am Beginn nicht erahnen kann. So hab ich auch schon blauäugig einer alten Dame eine »nette« Familiengeschichte verkauft, die sich dann ab der Hälfte zu einer romantischen Liebesgeschichte zwischen zwei Männern entwickelt hat, ein Roman für eine Kundin, die nichts Trauriges wollte, entpuppte sich ab Seite 225 als Geschichte, in der alle sterben. Fazit: Bitte noch den Schluss lesen!

Das ist das professionelle Lesen. Dann gibt es noch das begeisterte – eine einer Sucht nicht unähnliche Art zu lesen. Wenn du nach der ersten Seite merkst, da hast du etwas entdeckt, obwohl du weißt, dass vor dir schon eine ganze

Riege an AgentInnen, ÜbersetzerInnen, LektorInnen, Marketingleuten und VertreterInnen den Stoff entdeckt hat, und du dich trotzdem fühlst, als wärst du die Erste, die diese wunderschöne einsame Insel betritt und dir schon insgeheim überlegst, wen du darauf einlädst. Das sind die Lieblingsmomente beim Lesen, dieses Gefühl, das mich bei manchen Büchern befällt, sie mit anderen zu teilen. Und die zahlen auch noch Geld dafür.

ERNST PENZOLDT
Welt ohne Buch

Ohne »unsere Bücher« glauben wir uns das Leben nicht mehr vorstellen zu können. Dabei meinen wir genau zu wissen, was wir unter »Büchern« zu verstehen haben, ähnlich dem, was wir unter »Menschen« oder »Bäumen« verstehen. Es fehlt nicht viel, und wir würden sie unter die Lebewesen rechnen, jedenfalls zur organischen, ja beseelten Welt. Fast beruhigt es uns, daß sie wie wir auch nur eine begrenzte Lebensdauer besitzen, meist eine längere zwar als wir, eine über Jahrhunderte während. Und es scheint uns in der Ordnung zu sein, daß ihre »Unsterblichkeit« der unseren ziemlich nahe verwandt ist, als sei diese zeitliche Vergänglichkeit geradezu die Voraussetzung für die Unsterblichkeit. Kein Zweifel: Das absolut Unverwesliche, Unverwandelbare erscheint uns toter als tot. Das schwermütige Geheimnis der Sterblichkeit verbindet uns mit den Büchern.

Nicht, daß ich nicht wüßte, wie das Buch so ganz

allmählich seine heutige, uns so vertraute Gestalt bekommen hat und welche Mühe und Liebe dazu gehört, bis es erdacht, geschrieben, gedruckt, gebunden ist, auch welcher höchst unterschiedlicher Stoffe es bedarf, damit ein rechtes Buch daraus wird. Sieht es in einigen seltenen Fällen nicht so aus, als käme es wie ein Lebewesen aus des Schöpfers Hand? Denn wirklich, so ein Vogel etwa mit seinem Gefieder, Fleisch und Blut, seinen Augen und seiner Stimme, besteht er nicht und alle Kreatur aus anscheinend völlig heterogenen Stoffen? Wie auch der Mensch, wenn man ihn in seine einzelnen Teile zerlegt, darunter man sogar Elfenbein findet, so auch das Buch. Oder aber sieht es nicht aus, als seien Tiere und Pflanzen in weiser Voraussicht nur darum geschaffen worden, daß ein Buch daraus werde: aus dem Fell das Leder, aus den Knochen der Leim, aus dem Hanf die Bünde, zu einer Zeit freilich schon, da es noch keine Bücher gab oder, wenn man will, zu geben brauchte?

Seine heutige Gestalt hat das Buch im wesentlichen auch schon so lange, daß man, wiewohl man aus gewissen Stilmerkmalen erkennt, ob das eine aus dem sechzehnten, das andere aus dem achtzehnten Jahrhundert stammt, sich wundert, wie gut sie sich vertragen, wenn man sie nebeneinander stellt. Jedenfalls ist uns diese Form so altgewohnt, daß allzugroße Eigenwilligkeiten in der Ausstattung, die vielleicht ein Verleger uns zumutet, uns nur ärgern. Es ist ein wahres Glück, daß die im gegenwärtigen Augenblick modische Nieren- oder Palettenform, die manche Tische haben, noch nicht ins Buchgewerbe gedrungen ist. Wie sähe das auch aus!

Wie aber, wenn der unaufhaltsame Fortschritt der Technik eine völlige Umwälzung nach sich zöge, wenn der Band durch das Band, das Tonband oder etwas dieser Art ersetzt würde? Das würde bedeuten, daß die uns liebgewordene, uns befreundete Gestalt des Buches abgelöst würde durch eine Rolle und das optische Lesen durch ein akustisches Abhören. Bis auf das Titelschildchen würde auch die Schrift dabei überflüssig werden. Unsichtbar für das Auge ist der Inhalt des Tonbandes, was mir offengestanden gar nicht gefällt. Schon die Schallplatte entbehrte des persönlichen Äußeren, das ein Buch, selbst in seiner heruntergekommensten Form des Massenfabrikats, auch heutzutage fast immer noch hat.

Wir wissen, daß der mediokre Versuch, das äußere Gewand und das Papier inhaltlich wertvoller Bücher dem der Schundliteratur anzugleichen, ein Verrat am Geist ist.

Als ich einmal las, daß Napoleon gelesene Bücher einfach aus dem Schlitten warf, wurde mir seine wahre Natur sofort klar, schon ehe ich wußte, daß er Battonis büßende Magdalena aus Dresden nach Paris bringen ließ. So schön fand er das beliebte »Schlafzimmerbild«.

Den Kulturzustand eines Volkes erkennt man nicht zuletzt an seinen Büchern. Kann man sich im Ernst vorstellen, daß ein Buch, das auch heute noch immer zum Verlieben schön in seinen Maßen, seinem Papier, seinem Schriftsatz (und sogar seinem Inhalt) sein kann, durch eine unpersönliche Konserve abgelöst wird? Man wird einwenden, daß die Tonzylinder von einst eine gewisse Verwandtschaft mit dem Tonband von heute aufweisen. Gleichviel, wenn ich in meiner nicht sehr großen Bibliothek herumschmökere, dann geht mir halt das Herz auf, wenn ich ein besonders »gut gemachtes« Buch in die Hand nehme. Freilich, die schönsten davon mit vergleichsweise wenigen Ausnahmen sind schon hundertfünfzig Jahre alt! Sie haben ihre Würde, es ist die Menschenwürde, die sie so schön sein läßt. Und wenn man will, ist die Vorstellung gar nicht so abwegig, daß die ursprünglich unschuldig-weißen Seiten eines Buches »besprochen« sind wie ein Tonband und daß sich die Worte des Dichters als Buchstaben niederschlagen, als Zeichen, die für die Sprache stehen.

Darum wünschen wir uns auch keine Vereinfachung der Rechtschreibung und der Schriftcharaktere. Es wäre doch gar zu dumm, wenn man sich nach den Dummen richten wollte. Ja, ich habe manchmal das Gefühl, es wäre besser, wenn unsere modernen Schriften mehr »Charakter« hätten und unser Alphabet mehr Buchstaben und unsere Sprache mehr Geheimnisse.

Noch ist das Buch, wie wir es kennen und lieben, gefährdet zwar, aber nicht verloren. Wir Alten jedenfalls wollen uns wehren gegen eine Welt ohne Buch.

MARIE LUISE KASCHNITZ
Das letzte Buch

Das Kind kam heute spät aus der Schule heim.
»Wir waren im Museum«, sagte es. »Wir haben
das letzte Buch gesehen.«
Unwillkürlich blickte ich auf die lange Wand
unseres Wohnzimmers, die früher einmal meh-
rere Regale voller Bücher verdeckt haben, die
aber jetzt leer ist und weiß getüncht, damit
das neue plastische Fernsehen drauf erscheinen
kann.
»Ja und«, sagte ich erschrocken, »was war das
für ein Buch?«
»Eben ein Buch«, sagte das Kind. »Es hat einen
Deckel und einen Rücken und Seiten, die man
umblättern kann.«
»Und was war darin gedruckt?«, fragte ich.
»Das kann ich doch nicht wissen«, sagte das
Kind. »Wir durften es nicht anfassen. Es liegt
unter Glas.«
»Schade«, sagte ich.
Aber das Kind war schon weggesprungen, um

an den Knöpfen des Fernsehapparates zu dre-
hen. Die große weiße Wand fing an, sich zu
beleben, sie zeigte eine Herde von Elefanten,
die im Dschungel eine Furt durchquerte. Der
trübe Fluss schmatzte, die eingeborenen Treiber
schrien. Das Kind hockte auf dem Teppich und
sah die riesigen Tiere mit Entzücken an. »Was
kann da schon drinstehen«, murmelte es, »in so
einem Buch.«

MARCO LODOLI

Bücher sind Freunde

Die Kirchen Roms quellen über vor Grabmä-
lern: Der Tod ist ein ständiger Gast auf den Gräbern aus Marmor, die vor den Kirchenwänden
zu finden sind, er ist gut sichtbar, um uns daran
zu erinnern, wo alles enden wird. Kahle oder
geflügelte Schädel, traurige Engel gegenüber der
Pforte zum Jenseits oder zum Nichts, Frauen-
figuren, die die verschiedenen göttlichen Tugen-
den symbolisieren: ein richtiger Apparat von
Bildern, die uns zu den letzten Gedanken führen, die uns mit einer gewissen Traurigkeit erfül-
len, die uns aber auch auffordern, zu bedenken,
dass das Leben kurz und nicht für unnützen
Tand zu verschwenden ist, für leere Ambitionen
oder sinnlosen Hochmut.

Unter den vielen Gräbern gibt es solche, die besonders sind, die den üblichen Trauerrequisiten
fast unerklärbare Details hinzufügen. Zum Beispiel kann man in San Marcello al Corso an der
inneren Seite der Fassade links über das Grab-

mal des Kardinals Giovanni Michiel und seines Neffen, des Bischofs Antonio Orso, nachdenken, die so angeordnet sind wie bei einem richtigen Stockbett, der eine über dem anderen. Was uns an diesem Grabmal auffällt, das von Sansovino mit großer Eleganz entworfen wurde, sind die unglaublichen Bücherstapel unter der Grabstätte des völlig unbekannten Bischofs.

Ich glaube, dass das einzigartig auf der Welt ist: Der Mensch findet die ewige Ruhe, indem er über einer Menge von Büchern schläft, die in den Marmor gehauen sind. Sie sind gestapelt, so gut es geht, sortiert nach Buchdeckeln und nach Größe, sie sind nach vorne gerückt oder nach hinten verschoben, und sie lassen uns über die große Liebe des humanistischen Bischofs für die Kultur nachdenken; sie hat ihn wohl auch dorthin begleitet, wo Lesen vielleicht nicht mehr viel bringt.

Sie sind wertvolle Freunde, die Bücher, sie leisten uns Gesellschaft, auch wenn alles uns verlassen zu haben scheint, sie sind zur Hand, wenn wir einander besser verstehen möchten, irgendetwas besser begreifen möchten. In einer Epoche

wie der unseren, in der es die Zeit zum Lesen und den Kopf zum genaueren Nachdenken nicht mehr gibt, stellt sich uns bei diesem so besonderen Grabmal die Frage, welche Bücher wir wohl auf eine verlassene Insel mitnehmen würden und welche über die Schwelle des Lebens.
Vielleicht würden zehn genügen, und es werden diese zehn sein, die uns helfen. Denn Bücher sind ein Glück, ein Talisman, ein Passierschein.

Quellenverzeichnis

Claire Beyer
Cliffhanger, S. 59
Originalbeitrag. © Claire Beyer. Abdruck mit freund-
licher Genehmigung der Autorin

Thomas Bernhard
Leseleidenschaft*, S. 109
Aus: Thomas Bernhard, Alte Meister. Komödie. © Suhr-
kamp Verlag Frankfurt am Main 1985

Amir Hassan Cheheltan
Meine Entdeckung der Freude an der Literatur, S. 75
Aus: Amir Hassan Cheheltan, Der Zirkel der Literatur-
liebhaber. Roman. Aus dem Persischen von Jutta Him-
melreich. © Verlag C. H. Beck, München 2020

Ulrike Draesner
Speck, S. 128
Originalbeitrag. © Ulrike Draesner. Abdruck mit freund-
licher Genehmigung der Autorin

Ildikó von Kürthy
Alt werden mit Eselsohren, S. 114
Aus: Ildikó von Kürthy, Problemzonen. Über das Lieben,
die Sehnsucht und die Liebe danach. © 2018 Rowohlt
Verlag GmbH, Hamburg

Marco Lodoli
In der Bibliothek*, S. 106
Bücher sind Freunde*, S. 151
Aus: Marco Lodoli, Unter dem blauen Himmel Roms.
Neue Streifzüge durch die Ewige Stadt. Aus dem Italie-
nischen von Gundl Nagl. © Insel Verlag Berlin 2016

Cara Nicoletti
»Hänsel und Gretel« [gekürzt], S. 36
Aus: Cara Nicoletti, Yummy Books! In 50 Rezepten
durch die Weltliteratur. Aus dem amerikanischen Eng-
lisch von Tanja Handels und Susanne Kammerer.
© Suhrkamp Verlag Berlin 2017

Hanns-Josef Ortheil
Hemingway in Paris*, S. 70
Aus: Hanns-Josef Ortheil, Paris, links der Seine. Mit
Fotografien von Lukas Ortheil. © Insel Verlag Berlin
2017